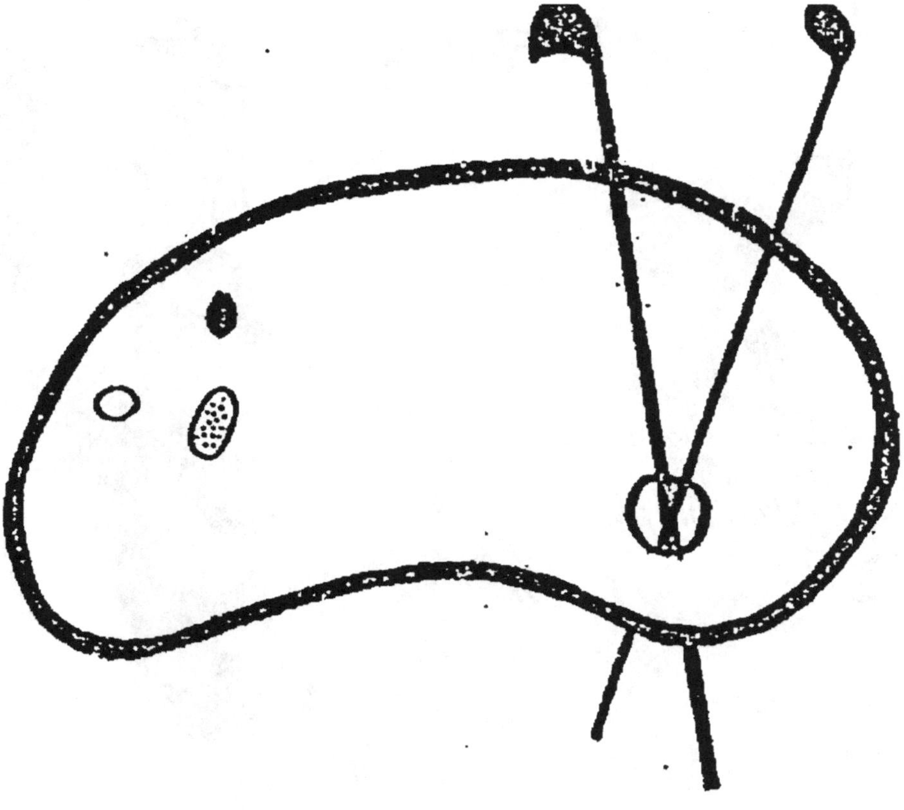

**COUVERTURE SUPERIEURE ET INFERIEURE
EN COULEUR**

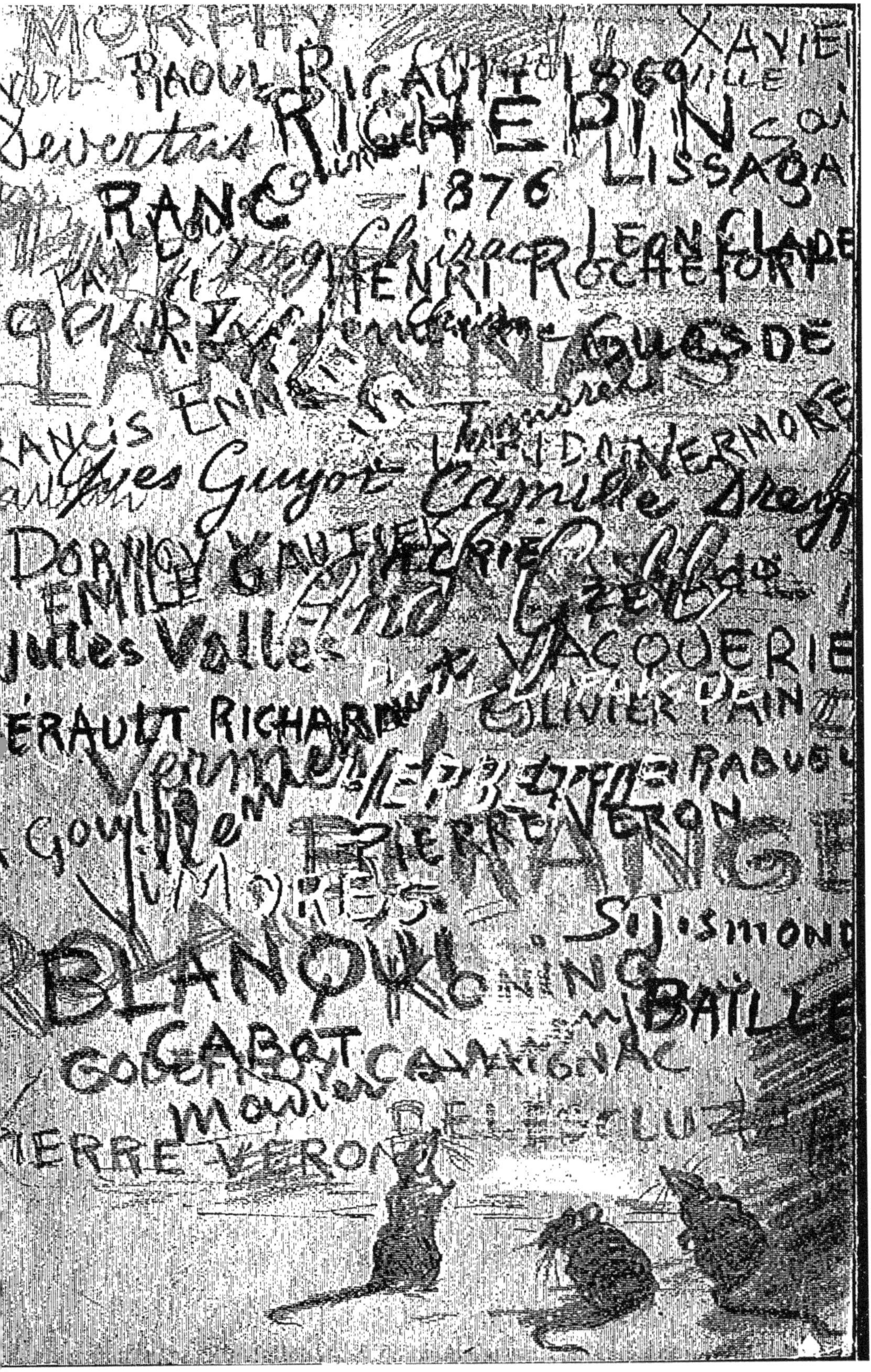

RAOUL RIGAULT
RICHEPIN
RANC
1876
LISSAGA
HENRI ROCHEFORT
GUESDE
VERMOREL
Yves Guyot
Camille Dreyfus
DORMOY
EMILE
Jules Vallès
VACQUERIE
OLIVIER PAIN
ÉRAULT RICHARD
PIERRE VERON
MORES
Sigismond
BLANQUI
BAILLE
CAVAIGNAC
IERRE VERON

VII—4

Reserve
2731

IL A ÉTÉ TIRÉ :

15 Exemplaires sur papier du Japon,
N⁰ˢ 1 à 15.

25 Exemplaires sur papier de Hollande,
N⁰ˢ 16 à 40.

PRISON FIN DE SIÈCLE

E. GEGOUT ET CH. MALATO

PRISON
FIN DE SIÈCLE

— SOUVENIRS DE PÉLAGIE —

Illustrations de Steinlen

PARIS

G. CHARPENTIER ET E. FASQUELLE
ÉDITEURS
11, RUE DE GRENELLE, 11

1891

Tous droits réservés.

PRÉFACE

Les préfaces sont rarement lues; nous croyons, cependant, devoir expliquer à quel mobile nous avons obéi en mettant en scène nos minces personnalités.

La prison, si bénigne soit-elle, ne représente jamais un Eldorado et Pélagie s'est assombrie avec l'âge. Cependant, même dans les conditions actuelles, que de déshérités, plus intéressants que certains agioteurs de la politique, voudraient y trouver un abri!

L'auréole du martyr, revendiquée par d'ambitieux écrivains, leur a permis d'exploiter les sentiments de la masse qu'intérieurement ils méprisaient. Ce fétichisme des individus n'est pas encore éteint ; nous estimons faire œuvre utile en le combattant par le rire.

Captifs, le rire est, d'ailleurs, notre seule arme et... notre seule distraction. Nous espérons que les gauloiseries éparses dans ce livre à côté d'idées sérieuses ne feront pas préjuger défavorablement de celles-ci.

Blaguant la prison où nous sommes incarcérés, les magistrats qui nous y ont fourrés, les geôliers qui nous y détiennent et les politiciens multicolores que nous y avons rencontrés, nous avions le devoir de ne pas nous épargner nous-mêmes : c'est ce que nous avons fait. Puisse ce déshabillé enlever à tout jamais le prestige du martyre politique.

G.-M.

PRISON FIN DE SIÈCLE

Souvenirs de Pélagie

I

Notre procés.

La prison politique de la Bastille ayant été supprimée par le peuple en 1789, l'État convertit, peu de temps après, le couvent de Sainte-Pélagie en prison non moins politique : c'est l'histoire de toutes les réformes sociales.

Le de Launay qui, lorsque nous y entrâmes, régnait en souverain peu constitutionnel, s'appelait tout bourgeoisement Patin. Au physique, un homme de cinquante ans, grand, brun de teint, les cheveux blancs, coupés ras, la voix doucereuse, brève pourtant dans les jours de colère. Au moral, un mélange de courtoisie féline et de rigidité réglementaire.

La prison a été maintes fois décrite et c'est bien plus une esquisse des captifs d'opinions disparates qu'une monographie de ses quatre murs que nous entreprenons ici. Entre hôtes de marque, Pélagie a compté Mme Roland, Béranger, Proud'hon, Lamennais, Blanqui, Raspail, Rochefort, Tridon, Rigault, Chaudey, ce dernier fusillé par le précédent, Cladel, Richepin et la foule des révolutionnaires d'antan qui, devenus maîtres et, par suite, conservateurs, se vengent des misères passées en emprisonnant à leur tour les écrivains d'opposition.

Le motif de notre condamnation avait été des plus simples :

Le congrès socialiste, tenu à Paris en 1889, avait décidé de provoquer, pour le 1er mai de l'année suivante, dans toutes les villes ouvrières du monde civilisé, une manifestation en faveur de la réduction de la journée de travail à huit heures. Les socialistes parlementaires, préoccupés beaucoup plus de leurs candidatures à venir que de l'émancipation du prolétariat, s'étaient fait un tremplin de cette démonstration. Pendant un an, ils prirent des allures de Fracasse, grisant de leurs articles belliqueux leurs fidèles naïfs : ah! certes, cette vieille ogresse de bourgeoisie capitaliste n'avait qu'à bien se tenir ! Lorsque la date fatidique s'approcha, les fiers-à-bras mirent une sourdine à leurs pétarades, prêchèrent le calme à outrance et, le jour venu, envoyèrent tout bonnement quelques délégués, encadrés de gardes municipaux, porter une supplique aux pouvoirs publics. Seule, la fraction anarchiste, qui ne croyait ni aux mouvements décrétés à l'avance ni aux réformes parlementaires montra, à défaut d'esprit pratique, de l'activité et une attitude résolue.

Un article écrit et signé par Malato, dans l'*Attaque*, journal hebdomadaire fondé par Gegout, qui en même temps que rédacteur en était le gérant, amena des poursuites.

Chose à noter, l'article en question intitulé « la Lutte » était simplement la suite d'une étude théorique commencée huit jours auparavant et à laquelle le 1er mai était fort étranger. C'était donc un procès de tendance.

Avec l'adoucissement des mœurs, les tribunaux ont remplacé les arènes antiques. Les révolutionnaires et surtout les anarchistes se gardent bien de manquer une si belle occasion de confesser leur idéal et de faire de la propagande; aussi, la plupart du temps, se passent-ils d'avocat. La salle d'audience est alors remplie non seulement de coreligionnaires, mais aussi d'amateurs, curieux de voir comment l'accusé se débattra sous la griffe du président.

Les journaux avaient annoncé que nous nous défendrions nous-mêmes. Notre amour-propre n'eut pas à se plaindre de la composition de la salle. Outre nos amis, venus en grand nombre et qu'on n'avait pas laissé passer sans difficultés, un public choisi, parmi lequel nombre de fort jolies femmes, emplissait les banquettes et le fond du prétoire. « Ce n'est pas une cour d'assises, c'est une cour d'amour », dit un assistant. Le pourtour de la barre était noir d'avocats en robe. Les municipaux de service étaient doublés et les agents en bourgeois (service de la police politique), dirigés par Goron, qui opérait lui-même, comme Pierre Petit.

Notre condamnation était si peu problématique qu'ordre avait été donné au commandant Lunel de nous faire arrêter dans la salle sitôt le verdict rendu. Cet officier s'y refusa, ce qui nous valut d'être empoignés un peu plus loin par la police secrète. Comme résultat, la différence était peu appréciable.

Le sort qui nous attendait nous laissait assez indifférents, aussi ne primes-nous la peine de récuser aucun des membres du jury parmi lequel, cependant, figuraient des huissiers, gens que nous supposions naturellement peu portés à nous acquitter.

Avec quel entrain, pensions-nous, ils vont nous refuser les circonstances atténuantes!

Les débats commencèrent :

Gegout, considéré comme le plus criminel — la loi poursuivant moins l'auteur que le gérant qui fournit ou est censé fournir les moyens d'écrire — passa le premier à la barre; puis d'une voix qui eût rendu des points aux trompettes de Jéricho, il commença :

« Messieurs les jurés,

« Le réquisitoire de M. l'avocat général n'a nullement ébranlé, j'en suis convaincu, la vilaine opinion que vous pouviez avoir de moi; aussi ne

1.

taquinerai-je point votre sage conviction et ne tenterai-je pas davantage de me garantir contre les justes rigueurs, qu'en votre âme et conscience, vous jugerez bon d'appeler sur ma tête. J'ai œuvre plus intéressante à faire, en cette enceinte où plane l'esprit de loi, devant les représentants de l'immanente et impeccable justice, sous les yeux d'un public dont le recrutement, pour les deux tiers au moins, a été confié aux soins délicats et paternels du chef de la sûreté : c'est le tableau des vicissitudes qui, en développant mon expérience, m'ont rendu si sensible aux discordances sociales.

« On s'est efforcé, il y a un instant, de vous convaincre que l'idée anarchique ne pouvait éclore et se développer que dans un cerveau inharmonique et que toute révolte contre la société n'était dictée que par des intérêts peu avouables. Ce faisant, M. l'avocat général pouvait être fort sincère — le juge est souvent un grand enfant qui conserve jusqu'à la tombe la croyance aux balivernes que lui raconte l'Autorité, sa nourrice gouvernementale, comme il a cru, petit, aux légendes de l'Ogre et de Barbe-Bleue, dont l'entretenait sa nourrice naturelle. — Cette sincérité, toutefois, indique combien est léger le bagage sociologique de nos censeurs.

« Certes, je n'ai point l'intention de me faire passer à vos yeux pour un sage, ce serait sans doute peine perdue, et cependant je vais vous démontrer que je n'ai jamais agi que sous l'impulsion de sentiments logiques et altruistes. »

Et la conférence de l'accusé, c'est ainsi qu'il qualifiait sa plaidoirie, roula en fracas sur l'auditoire, ébranla sur leurs sièges les juges hermineux, mit à la torture la conscience du jury. Les plus solides cordes vocales ont des défaillances à la longue :

— Éprouvez-vous quelque fatigue, monsieur? lui demanda très gracieusement le président. Désirez-vous un verre d'eau et quelques instants de repos?

— Volontiers.

— Messieurs, l'audience est suspendue pendant vingt minutes. Huissier, apportez un verre d'eau... sucrée.

Il y a des amabilités qui se paient cher.

Le conférencier s'épongea le front, but le breuvage et se dirigea vers la Cour d'amour auprès de laquelle il oublia bien vite l'horreur de la situation.

Quand les débats reprirent, il conclut :

« Nos ancêtres, que nous glorifions, n'ont-ils pas lutté, eux aussi, contre le pouvoir, et n'est-ce pas leur victoire qui nous a affranchis? Aujourd'hui, nous faisons pour ceux de demain, ce que ceux d'hier ont fait pour nous. Si notre champ de lutte est plus vaste, c'est que notre passion humanitaire a grandi. Des temps préhistoriques aux premières étapes de l'histoire, les hommes ne purent élargir leur cœur que jusqu'à la Famille, plus tard ils allèrent de la Famille à la Patrie. Nos aspirations ont plus de rayonnement encore : à la Patrie nous préférons l'Humanité. Qu'importe que vous me condamniez, mon « utopie » n'en sera pas moins une réalité, dont vos fils jouiront demain.

« Et puis-je croire à l'infaillibilité de la Justice,

lorsque je l'entends rendre au nom d'un Dieu qu'autrefois elle a bafoué et fait crucifier ! »

L'orateur secoua sa crinière, désigna d'un geste gouailleur le macchabée du Golgotha que refroidissait plus encore la cadavérique peinture de M. Bonnat, puis ravi du petit effet romantique qu'il avait préparé à l'adresse des huissiers et marchands de papiers peints acharnés contre sa tranquillité, il retourna s'asseoir.

Vint le tour de Malato.

— Avez-vous déjà été condamné? lui demanda le président.

— Pas encore, répondit l'accusé.

— Vous ne désespérez pas de l'être?

— Je le serai, sans doute, à la fin de l'audience.

Ce pronostic qui, bien que formulé poliment, témoignait d'un certain scepticisme à l'endroit de la justice officielle, produisit un froid parmi les juges et un mouvement de curiosité dans l'auditoire.

« Messieurs, débuta le comparant, tandis que quelques jurés dirigeaient déjà vers l'horloge un regard inquiet, je commence par déclarer que je revendique la plus entière responsabilité de l'article dont vous venez d'entendre lecture. »

Personne n'ayant élevé d'objection, dédaignant de chicaner l'avocat général sur la valeur de ses arguments — les procès de tendance ne se ressemblent-ils pas tous? — il se contenta de faire un exposé sommaire des conceptions anarchistes :

« L'Anarchie n'est pas, comme le prétendent ses ignorants détracteurs, un simple retour de l'homme, trop longtemps comprimé, à une vie, à une expansion plus naturelles; elle n'est pas qu'un idéal lointain entrevu, salué par des philosophes;

elle n'est pas la conception personnelle d'un doctrinaire de génie, nouveau Fourier ou nouveau Cabet; elle répond aux aspirations mêmes des foules, à l'enchaînement logique des événements, aux conceptions, aux besoins nouveaux; et c'est ce qui fait sa vitalité, ce qui assure son avènement : loin d'être reléguée dans les nuages, elle a une base rationnelle, positive et je dirai même, quoi qu'on abuse parfois du mot, scientifique.

« L'Anarchie, c'est cette force nouvelle, l'association, non plus hiérarchique et autoritaire comme dans les corporations du moyen âge (système auquel voudraient nous ramener quelques catholiques pseudo-socialistes), mais libre, se manifestant dans toutes les branches de l'activité humaine : métiers, arts, sciences, prenant possession du monde et élaborant des formes sociales nouvelles. Ce sont les groupements autonomes de travailleurs manuels et intellectuels surgissant de partout et se ramifiant, s'enchevêtrant, formant non plus dans un seul pays (car la Révolution sociale ne pourra être localisée, elle aura sa répercussion partout), mais dans le monde entier, dans le monde pacifié, cette république du travail qui n'aura rien de commun avec votre république gouvernementale. C'est la société de demain dont nous, qu'on taxe de fuser constamment dans le bleu, pouvons définir la forme concrète en deux mots : Fédération économique.

« L'Anarchie, c'est l'avenir de l'Humanité.

« L'Anarchie, c'est la substitution des contrats,

des conventions, soit entre individus, soit entre collectivités, — contrats et conventions pesés et consentis de part et d'autres (toujours révisables), modifiables, suppressibles lorsque l'intérêt ne s'en fait plus sentir, — à vos codes, à vos lois datant de Justinien ou du premier Bonaparte et qui ont la prétention de régenter une humanité toujours changeante, variant dans ses idées, dans ses goûts, dans ses besoins, dans son mode de vivre, ainsi que des générations qui n'ont pas eu voix au chapitre et qui n'ont pas été consultées.

« L'Anarchie, en un mot, c'est un nouvel organisme social que vous pouvez ne pas voir, mais qui s'élabore en ce moment et qui à un moment donné, plus proche que vous ne croyez, éliminera l'organisme actuel trop usé, trop vieux pour durer.

« Si l'on étudie sérieusement, ailleurs que dans les bouquins officiels, ou même dans les bouquins officiels, pourvu que l'on sache réfléchir, l'histoire des progrès accomplis par l'Humanité au cours des âges, on trouvera que ces progrès, achetés par des révoltes de toutes sortes : révoltes contre les lois, révoltes contre le dogme, révoltes contre la routine, contre les préjugés, ont sans cesse tendu à une élimination progressive de l'autorité, — et qu'en conclure ? sinon que le progrès définitif sera de l'éliminer complètement de la société, réalisant ainsi la parole prophétique du philosophe Fichte : « Un « jour viendra où les hommes seront assez con- « scients pour se passer de tout intermédiaire gou- « vernemental dans leurs relations réciproques. »

Puis il fit le procès de l'organisation sociale actuelle, détailla toutes les beautés de l'ordre bourgeois, vida le verre que, pour la seconde fois, l'huissier de service venait d'apporter et regagna son banc d'infamie, persuadé que les magistrats qui octroyaient si généreusement aux prévenus des verres d'eau sucrée, ne manqueraient pas de rendre un verdict très salé.

La crème de la bourgeoisie démocratique, ayant ouï notre conférence avec cet air paterne et finaud qu'a toujours M. Prudhomme, réclama contre nous un exemplaire et implacable châtiment.

Reconnus coupables d'avoir voulu chambarder la société avec notre plume, nous fûmes condamnés haut la main et avec une telle abondance, que nous conquîmes sur-le-champ les vives sympathies du public féminin :

Quinze mois de prison et trois mille francs d'amende chacun !

Ainsi commençait à se réaliser la prophétie d'un vieux gaga, coudoyé dans la salle des pas perdus :
« — Ce sont de grands criminels qui finiront un jour sur l'échafaud ! »

N'étions-nous pas sur la voie qui conduit de la

cour d'assises à la Roquette avec correspondance pour le champ de navets ?

Nous sortîmes sans encombre du Palais de justice et nous nous croyions à peu près saufs, lorsque, tout à coup, sur la place Dauphine, une demi-douzaine d'agents en bourgeois, glissés sournoisement dans les rangs de la foule, sautent sur Malato et lui bredouillant un « au nom de la loi », l'entraînent violemment vers les bureaux de la Sûreté.

— Ne le brutalisez pas, crie un assistant à l'âme sensible.

— Bah ! laissez-les donc ! répond le prisonnier revenu de sa première surprise, il n'y a pas à parlementer avec eux, ce sont des machines.

Ce mot pique la susceptibilité de l'argousin-chef, preuve qu'un reste d'amour-propre peut subsister à travers les professions les plus dégradantes.

— Non, monsieur, réplique-t-il, je ne suis point une machine, je suis un *penseur* (!), je fais exécuter la loi.

Devant cette réponse monumentale, il n'y avait qu'à baisser la tête, c'est ce que fit Malato, en haussant les épaules par compensation. Le moment, d'ailleurs, n'était pas propice à la discussion. En se retournant, le captif aperçoit Gegout qu'on emmène derrière lui ; deux autres personnes sont également aux mains de la police.

A la Sûreté, on communique à Malato un décret d'expulsion daté du jour même, décret d'une légalité douteuse car, bien que né d'un père italien, il est fils de française, n'a jamais mis les pieds de l'autre côté des Alpes et a, pendant cinq années, rempli dans les colonies des fonctions administratives qui devraient lui avoir conféré la nationalité.

Au consulat italien, d'ailleurs, on ne l'a jamais considéré comme sujet du roi Humbert.

Mais il faut un prétexte pour incarcérer les révolutionnaires, et le premier venu est le bon.

Gegout, qui tournait le dos à son ami au moment où celui-ci a été appréhendé, est accusé d'avoir voulu s'opposer à cette arrestation qu'il n'avait pas vue et, comme pièce à charge, on garde un petit canif à ongles trouvé sur lui.

Nous attendons pendant dix heures qu'on veuille bien statuer sur notre sort; nous sommes enfin transférés au Dépôt, local de l'expiation provisoire.

Après nous avoir fouillés, palpés, dépouillés, inscrits, numérotés, regardés de travers, fait passer sous la toise et mesurer par le service anthropométrique le développement du crâne, la grosseur de la taille, de la cuisse et de l'orteil, la longueur du petit doigt de la dextre, nous fûmes déclarés bon pour les cellules 110 et 112, vers lesquelles nous nous acheminâmes; il était onze heures du soir... seulement.

Dans la longue et ténébreuse enfilade des couloirs, étagés à droite et à gauche de l'immense hall pénitentiaire, de-ci de-là perce la clignotante lueur de fantastiques lanternes — ironique et sépulcrale réminiscence de la Lumière s'avivant au souffle de la Liberté !

A mesure que nous nous avançons sous l'escorte d'un gardien, des rumeurs étranges bourdonnent à nos oreilles. Ainsi la mer se brisant sur les

galets! le flot tempétueux d'une foule en convulsions!

Sont-ce les premiers bouillonnements d'une manifestation aussi grandiose que spontanée?

Illusion. Ce n'est que la respiration sonore et quiète de plusieurs centaines de traîne-guêtres et poivrotins, de maquereautiers professeurs de *bouchage de carreaux* et de *coup du père François,* pauvres et pitoyables parias endormis dans la confiance en leur droit et la sérénité de leur âme.

C'est un va-et-vient continuel dans cette hospitalière demeure. Hommes, vieillards, enfants, débouchent de partout. D'où viennent-ils? Où iront-ils? Pourquoi sont-ils là?

V'lan! v'lan! des verrous glissent huileusement dans leurs alliances, des portes silencieuses s'entre-bâillent, des ombres s'engouffrent; les portes se referment, les verrous reglissent, et ainsi paraissent et disparaissent, de minute en minute, de longues files humaines obéissant aux lois attractives toujours proportionnelles aux destinées.

Notre tour est venu. Nos cellules sont contiguës et ouvertes. On nous y boucle. Le sommeil nous étend sur des paillasses puantes et empunaisées.

II

Le 1ᵉʳ mai au Dépôt.

C'est la veille du premier Mai. Dès l'aube, les arrivants affluent. Du guichet de notre cellule, — œil toujours ouvert sur la conscience de l'incriminé — nous en voyons passer de toutes sortes et de tous âges, puis nous saisissons quelques bribes de conversation.

Les uns ont commis le crime de sortir de chez eux et ont été cueillis à leur porte ; d'autres ont intercepté la circulation en lisant des journaux révolutionnaires tout en se rendant à leur travail ; des enfants pour avoir ri au nez des sergots ; des vieillards pour port de béquilles subversives.

Du haut en bas des galeries sur lesquelles s'égrènent les réduits cellulaires, des bousculades, des engueulements, des rires jeunes, argentins et sans pitié.

Ce sont aussi des physionomies connues de révolutionnaires, vieilles barbes, quarante-huit et soixante-et-onzardes, toujours suspectes ; d'anarchistes entrant là comme chez eux, s'arrêtant à chaque cellule, d'où se tend la main d'un coantireligionnaire.

Tennevin, que l'on amène, nous aperçoit :

— Que faites-vous là ?

— Je me repose, répond Malato.

— Et moi, je me gratte, nom de Dieu ! riposte son voisin. La société m'a foutu la gale et le jury quinze mois de prison.

Puis viennent Cabot, Merlino, Stoïnoff, Cuisse, le collectiviste Prévost, etc., etc.

— C'est donc une rafle ? dit un « droit-commun » à l'un d'eux. Est-ce que, vraiment, vous deviez faire sauter M. Carnot ?

Le compagnon le regarde, hausse les épaules :

— Moule ! va.

Des cours intérieures et sonores, un roulement sourd, trépidant, continu, se mêle aux impérieux commandements des gardiens, au cliquetis de ferraille des municipaux. Ce sont les *paniers à salade* qui déversent leur toujours riche moisson ou transvasent du Dépôt à Mazas, la Santé et Pélagie, le trop plein de la dèche et de la déveine.

Les rondes succèdent aux rondes; la surveillance consignée est sur les dents. D'autres nouvelles se répercutent jusqu'ici : la police a ses nerfs et pas mal d'inquiétude. Le petit parquet est débordé. Les juges d'instruction sont aux abois. Tous les postes sont renforcés.

Au palais, des bruits affolants circulent : de la taverne du Chat-Noir au glacis des fortifications, la butte sacrée de Montmartre, perforée, minée et méchée surtout, enduite de nitro-glycérine, de pyroxiline, de mélinite, de roburite et de rack-à-rock, doit, aux premiers clignotements de l'aurore, s'émietter dans les airs et ensevelir Paris sous ses décombres.

C'est M. Clément, commis aux délégations judiciaires, qui a découvert tous les fils infernaux de la conspiration. Moins cruel que les Parques, il n'a pas osé les trancher, mais il les tient dans sa main.

— Envoyez les 143, 4, 5, 6... au greffe! hurle le surveillant de service.

Et, du haut au bas du bâtiment, durant tout le jour, on n'entend que déverrouillements et reverrouillements. Les numérotés descendent, on leur met les menottes, puis chacun part pour l'instruction, escorté d'un garde républicain. S'il y a encombrement, on les fourre en *souricière*, cellule obscure et exiguë, à portée de l'inquisiteur.

La journée se passe dans un monotone brouhaha et l'anxieuse attente du grrrand mouvement annoncé par les révérends pères *Huit-Heuriens*.

Et nous revoyons, la nuit, dans nos rêves, le couperet fatal du bourgeois trembleur.

Au réveil, le gardien ouvre nos portes :

— Allons, en bas !

Nous sommes une vingtaine qui dégringolons les escaliers. On nous fait entrer dans une vaste salle bordée de bancs, devant lesquels nous sommes rangés :

— Videz vos poches et déshabillez-vous.

Le tableau n'a rien de captivant. Un par un, nous passons dans une sorte de guérite où l'on tâte les doublures de nos effets, ausculte nos chapeaux, retourne nos fonds de culotte. Nulle pièce à conviction.

— Rhabillez-vous et vivement. Vous allez filer sur Mazas.

Puis, deux minutes après :

— Remontez dans vos cellules.

C'est donc que la situation se corse ? Les moutons pacifiques, marchant derrière les houlettes de Guesde et de Vaillant, seraient-ils devenus invraisemblablement enragés et tenteraient-ils de nous délivrer ?

Des bruits sinistres, prolongés, montent du sous-sol.

Enfin, c'est l'ébranlement des masses profondes

du prolétariat conscient et organisé, en marche vers l'émancipation ?

Pas encore : des marmitons traînent d'énormes mannes et distribuent la boule de son...

Des cris inhumains, véritables rugissements, éclatent soudain.

Cette fois, c'est l'envahissement de la prison, la délivrance ?

Seule, une pauvre folle, atteinte d'hystérie, cause tout le tapage.

Cependant, une voix juvénile venant du dehors, raconte des choses étranges qui réveillent nos cœurs.

« ... On cherche des armes... les boutiques des armuriers sont enfoncées... trente mille fusils enlevés sans résistance... Paris est sans chefs, sans gouvernement, dans la plus complète anarchie... »

— Libres, alors ! nous écrions-nous en courant à nos lucarnes.

Dans un préau, des gosses de mendigots et mendigots eux-mêmes, écoutent en faisant des grimaces au vieux birbe qui les surveille, le récit de la journée du 13 Juillet 1789, que lit un de leurs camarades...

A l'heure du dîner, les écoliers rentrent.

Au crépuscule, le surveillant de service allume le gaz dans nos cellules. La consigne est levée. Les rondes supplémentaires cessent. La haute Police se détend. Le petit Parquet retrouve sa quiétude habituelle. Les juges d'instruction rejoignent leur famille. M. Clément va se coucher, enchanté d'avoir sauvé Montmartre et sa capitale. La voûte céleste s'endiamante, déroulant sur le monde une admirable nuit.

Quand nous ouvrons les yeux, des poux manifestent audacieusement sur nos traversins.

Ce qui prouve une fois de plus, ô juges ! que l'homme n'est pas fait pour vivre seul.

Quarante-huit heures après cette mémorable

journée, Gegout, contre lequel on avait commencé une instruction pour rébellion aux agents, abandonnée faute de preuves, était mis en liberté, puis repincé, à la fin de la semaine, par les agents de la sûreté au moment où il se disposait à révéler les dessous du 1er Mai, à la salle des Capucines, et venait rejoindre son complice qui, resté seul au Dépôt, y attendait très placidement les événements.

Ensemble, ils furent, le 12 mai, dirigés sur Pélagie dans un fiacre, que l'administration, tou-

jours magnanime, leur laissa le soin de payer. Coût : six francs. Était-ce donc un transport de poids ?

III.

A Pélagie.

Enfin ! nous touchons la terre promise : la lourde porte de la prison s'ouvre devant nous, nous entrons : nous sommes à Pélagie !

C'est étonnant comme les gardiens sont physionomistes ! Le portier, le vieux père Monnien, brave homme autant que peut l'être un individu qui vous empêche de vous promener dans la rue, serre la main à Malato qu'il reconnaît pour être venu, deux ans auparavant, visiter un camarade détenu.

Le gardien-chef, beau gaillard qui ne paraît point ses cinquante ans, arrive dans un uniforme constellé de décorations : allure martiale et non chiourme, bonne et franche. Du reste, les gardiens de Pélagie ne ressemblent pas aux brutes du Dépôt, du moins, dans leurs rapports avec nous.

Vis-à-vis des pauvres diables de dettiers ou de condamnés de droit commun — il y en a quatre cents — c'est différent. Un journaliste peut, s'il a l'échine souple et la conscience élastique, devenir conseiller municipal, député, ministre : de tels hommes sont à ménager. Mais les malheureux, rasés comme des esclaves, hideux sous leur vareuse brune, qui traînent lourdement leurs sabots

dans la cour aux moments de récréation et passent treize heures sur vingt-quatre, rivés au travail automatique de l'atelier, ne sont pas si grands seigneurs. Ceux-là n'ont pas diffamé leurs ennemis ou conspiré pour un régime rémunérateur, ils ont tout simplement vendu des allumettes de contrebande, couché à la belle étoile faute de logement, risqué leur peau dans une bagarre, ou dévalisé un pante pour avoir de quoi dîner. C'est à peu près tout ; les délits qui entraînent des condamnations supérieures à un an sont expiés ailleurs, dans les centrales.

Les formalités d'écrou remplies, on nous conduisit du greffe au cabinet directorial :

— Veuillez vous asseoir, messieurs, nous dit le maître de céans avec une feinte aménité. Je suis très flatté de la préférence que vous avez accordée à ma maison. Je ferai tout ce qui dépendra de moi pour vous y rendre la vie douce et ensoleillée. Le quartier est enchanteur. Des fenêtres de votre chambre, vous jouirez du plus réjouissant coup d'œil : Paris et sa banlieue, l'horizon infini se fondant dans l'infini du ciel, le mouvement, la vie de la rue, l'illusion de la liberté. Seulement, que voulez-vous ? le règlement vous interdit formellement d'y glisser un œil, autrement celui de la police, qui est toujours ouvert, vous le boucherait sur-le-champ. De plus, vous avez le loisir de fréquenter vos codétenus.

La conversation entre gens bien élevés et de manières affables est un remède souverain contre

le spleen. Je dois toutefois vous prévenir que, au moindre éclat de voix, vous courez le risque de filer sur Clairvaux; M. Herbette, homme de bon ton, n'entend pas qu'on confonde cette maison avec celle du quai Bourbon. Mais les compensations ne vous manqueront pas : la Pitié et le Jardin des Plantes sont à deux pas, avec un peu d'imagination... Vous pourrez aussi vous promener dans la cour, mais sans bruit. Si vous avez la déplorable habitude de fumer, faites-moi le plaisir de ne pas jeter vos bouts de cigares : leur vue causerait de cruelles tentations aux détenus de droit commun. Mettez les mégots dans vos poches. Mieux vaut brûler la doublure de son veston que de se laisser brûler la politesse... Avez-vous aussi grand appétit que belle humeur? J'ai deux menus à vous offrir :

Celui de la maison, d'une sévérité familiale : le pot-au-feu le matin, le soir, un plat de légumes secs; carnivores ou végétariens, vous y trouverez votre compte.

Ou celui de la pistole que vous ferez venir du dehors et que, dans l'intérêt de votre santé, je vous recommande de limiter à deux plats. Sont interdits : gibier, volaille et desserts, considérés comme aliments de luxe; mais vous pourrez prendre une bonne culotte de bœuf avec un peu de réjouissance; de la tête de veau, des pieds de cochon, des épinards, de préférence à l'oseille, afin d'éviter les funestes aigreurs... Quant aux langoustes, il n'y faut pas songer. Enfin, 50 centilitres de vin calmeront journellement votre soif de liberté.

Les journaux sont seulement tolérés. Toute correspondance doit être rigoureusement soumise à mon visa. Ne suis-je pas, désormais, votre mentor...

— Oh! la, la! que j'ai chaud, murmura Gegout; il est sudorifère cet homme!

— Ne pourrons-nous nous raser nous-mêmes? susurra Malato, ce point nous préoccupe beaucoup.

— A votre guise, messieurs, sachez, cependant, qu'il y a de vieux raseurs à la maison. Quant aux visites, le ministre, seul, vous autorisera à recevoir votre famille, vous entendez bien, vo... tre... fa... mille, et le préfet Lozé entr'ouvrira, à vos amis, les portes du parloir. L'hygiène étant rigoureusement observée, si je constatais la présence de quelque punaise, j'en débarrasserais vivement cet asile. Comme vous portez à quatre le nombre de mes pensionnaires politiques, le gardien, pour vous appeler, sonnera trois coups pour l'un et quatre pour l'autre. C'est d'une simplicité mathématique.

Vous pouvez vous retirer, messieurs, en emportant l'assurance que j'atténuerai, autant que le devoir me le permettra, les sécheresses de la lettre administrative avec l'émollient esprit du règlement.

— Diable! nous dîmes-nous, en sortant de chez Patin, on nous a changé Pélagie. Sous l'Empire et jusqu'à ces dernières années, les locataires de la maison vivaient à leur guise, recevaient de neuf heures du matin à sept heures du soir, hommes, femmes et gentes demoiselles, se payaient langoustes et écrevisses sans que la pudeur administrative en fût le moins du monde choquée... Que les temps sont autres! Le Tamerlan de la direction pénitentiaire nous ferait-il regretter l'ancienne tutelle de la police?

Sous la conduite du gardien-chef, nous fûmes nous engouffrer dans un immense escalier qui semblait conduire au ciel. Au premier étage, les appartements privés du directeur; au second, l'an-

cienne chambre de Rochefort, extrêmement haute de plafond, convertie en parloir; au troisième, le *Salon de la Gomme*, local un peu moins spacieux que le précédent, alors occupé par Zevaco et Caillava, le premier secrétaire de rédaction, le second gérant de l'*Égalité*, condamnés, peu avant nous, à plusieurs mois de prison. A cet endroit, l'escalier se rétrécissait dans un étranglement obscur, menant aux autres cellules : le *Grand* et le *Petit-Tombeau;* au quatrième, enfin, au dernier étage, la *Grande* et la *Petite-Sibérie*, ainsi dénommées pour la fraîcheur délicieuse dont on y jouit pendant les hivers.

C'est dans la Grande-Sibérie que nous fûmes installés l'un et l'autre. La pièce, formant un carré long de cinq mètres sur quatre, ouvrait deux fenêtres semblables à des sabords sur la Pitié, le Jardin des Plantes, tout empanaché de verdure, Bercy, Charonne, Belleville, et trois autres de même dimension sur la rue du Puits-de-l'Ermite, la place d'Italie, les Gobelins, Montsouris. La vue était vraiment splendide, surtout si l'on se reportait aux *in pace* du Dépôt. La moitié de Paris et une partie de la banlieue se déroulaient devant nous : panorama qui nous fit bondir jusqu'au plafond, élevé seulement d'un mètre quatre-vingt-cinq centimètres.

Un petit poêle assez délabré, trois tables en bois... blanc si l'on veut, cinq chaises dépaillées et deux lits de camp constituaient notre mobilier. On y ajouta gracieusement des cruches remplies d'une excellente eau claire. Deux gobelets en fer et deux gamelles formèrent notre batterie de cuisine. Par bonheur, l'énorme valise de Gegout contenait dans ses flancs rebondis de quoi compléter cet approvisionnement un peu sommaire. Un demi-pain de munition, cinquante centilitres de vin et une potée de haricots que nous délivra généreusement l'administration, nous parurent un festin de Sardanapale.

Notre installation opérée, chose qui ne fut pas longue, nous allâmes rendre visite à nos codétenus. Ils nous accueillirent à bras ouverts, bien que, plus d'une fois, notre journal eût eu maille à partir avec le leur, et aussi avec la joie de reclus, — rien d'Élisée — qui retrouvent une compagnie humaine, les gardiens de prison, même les moins rogues, pouvant difficilement passer pour nos congénères.

Le Salon de la Gomme meublé, en dépit de son

nom, tout aussi modestement que notre chambre, donne par deux fenêtres grillées, assez larges, sur l'hôpital et la rue de la Pitié. De ces fenêtres, sans cesse ouvertes (car on était dans la douce tiédeur du printemps), on pouvait envoyer des sourires aux jolies malades se promenant dans la cour que nous dominions, ou même ébaucher des conversations avec deux jeunes ouvrières habitant au second étage de la maison, sise à l'angle des rues de la Pitié et du Puits-de-l'Ermite.

Bertha et Juliette ! Leurs noms reviendront plus d'une fois sous notre plume. La première, jolie brune, mariée depuis peu au frère de son amie, était l'aînée de quelques années ; la seconde, qui attendait encore une âme sœur en cousant des fonds de pantalons, — toutes deux étaient culottières, — portait à peu près dix-sept printemps ; une superbe chevelure châtaine ruisselait sur ses épaules. Gegout lui trouva tout de suite un faux air de Marie-Antoinette.

Caillava, doyen des détenus, se chargea des présentations ; il s'en tira de la façon la plus simple du monde :

Tac-tac-tac...

Ce bruit venait d'une lourde palette de bois que notre camarade frappait contre les barreaux de sa fenêtre. Les deux jeunes filles qui, à ce moment, laissaient vaguer leur regard dans la rue, levèrent la tête.

« Un nouveau ! » fit Caillava en désignant Gegout.

Bertha et Juliette adressèrent un petit salut souriant. Gegout, très expansif, envoya un baiser.

« Un autre nouveau ! » continua notre introducteur en désignant Malato qui, lui, rendit aux

jeunes filles leur salut avec la gravité d'un quaker.

Les exigences de l'étiquette ayant été ainsi satisfaites, on referma les fenêtres de part et d'autre, remettant au lendemain la suite de ce dialogue qui eût pu remplacer avantageusement celui de la *Dame Blanche*.

Zevaco et Caillava représentaient au pavillon

des Princes, — ainsi s'appelle la partie de la prison affectée aux détenus politiques, — l'élément bourgeois, sinon dans son sens réactionnaire, du moins dans ses moyens budgétaires. Appointés par l'administration de l'*Égalité*, ils faisaient venir leur nourriture du dehors. Un marchand de vins traiteur, du nom pacifique de Goujon, dont l'établissement vis-à-vis l'entrée de Pélagie portait ce titre alléchant : *Mieux ici qu'en face*, envoyait chaque jour une carte affriolante sur laquelle les deux épicuriens choisissaient les mets à leur goût. L'administration bénéficiait ainsi des vivres de la prison qu'ils refusaient. Les deux anarchistes tinrent bon contre la vue troublante des rosbifs aux pommes et du veau aux petits pois; Malato, doué d'un appétit aussi complaisant qu'éclectique, déclara, avec la résolution d'un homme à principes, qu'il mourrait de faim ou d'indigestion, selon les circonstances, peu lui importait, plutôt que d'abandonner à l'État, nouvel Ésaü, la moindre cuillerée de lentilles.

Les anciens offrirent le café aux nouveaux et l'on se mit à causer, politique et sociologie, bien entendu. Zevaco était Corse, officier réserviste de dragons et âgé à peine de vingt-neuf ans, c'est dire qu'il montrait une grande spontanéité, bien que la réflexion modérât parfois ses enthousiasmes. Caillava, natif des bords de la Garonne, se distinguait, entre autres qualités que nous fûmes à même d'apprécier, par une circonspection à laquelle il avait cependant failli, avouait-il, le jour malencontreux où il accepta la gérance d'une feuille d'opposition. Petit, brun, très soigné de sa personne, il envoyait sournoisement, depuis un mois, d'assassines œillades à la belle Juliette et emplissait la prison de ses chansons pyrénéennes.

— Différemment, concluait-il, notre santé souffrirait si nous ne cherchions pas à nous distraire, et la santé, voyez-vous, c'est la première chose.

Lancés dans une controverse des plus intéressantes, nous entendîmes à peine sonner neuf heures : quelques instants après, un gardien, porteur d'un falot et d'un trousseau de clefs à assommer un bœuf, frappait à la porte. L'heure du bouclage était arrivée : Zevaco et Caillava furent verrouillés dans leur chambre; Gegout et Malato remontèrent à la Grande-Sibérie dont la porte se referma sur eux avec toutes sortes de bruits métalliques.

Encore sous l'impression agréable que leur causait ce passage de l'enfer du Dépôt au purgatoire pélagien, les nouveaux pensionnaires causèrent longuement. Ils en avaient vu bien d'autres : Malato dans les pays canaques, Gegout dans les silos algériens. Que de déshérités eussent pu leur envier le logement et la nourriture, toute modeste que fût celle-ci ! Ils parlèrent de cette révolution en laquelle ils avaient une foi d'autant plus profonde qu'elle n'avait rien d'irraisonné : « D'ici quinze mois, pensaient-ils, qui sait ce qui peut arriver ? » Ils jetèrent, de leur fenêtre, un regard sur Paris prêt à s'endormir, si toutefois on peut dire qu'une ville comme Paris sommeille : Paris était vraiment beau, ce soir-là, sous son manteau noir de ténèbres où pointaient mille et mille lumières, tandis que des myriades d'étoiles, scintillaient dans le firmament infini. Puis, les deux amis, se déshabillant en un tour de main, s'étendirent sur leur couchette où ils ne tardèrent pas à s'endormir d'un sommeil qu'une bombe de dynamite n'aurait pas troublé.

IV

Le musée des âneries.

Le lendemain matin, à six heures et demie, la porte fut déverrouillée : un gardien, vêtu d'une blouse bleue par-dessus son uniforme, entra et posa sur la table un pain de munition partagé en deux avec une précision mathématique : c'était notre ration pour la journée.

Il revint ensuite, escortant un pauvre diable à cheveux coupés court, mais non rasé, et portant moustache. Cette particularité, non moins que les galons bleus surmontant les manches de sa vareuse, nous révélèrent sa condition : c'était un *auxiliaire*. Ceux des condamnés de droit commun qui obtiennent les meilleures notes sont choisis sous ce nom pour exécuter les corvées, principalement celles de nettoyage. Il suffit d'avoir du jarret, du biceps et pas de susceptibilités déplacées; ceux qui réunissent ces diverses qualités y gagnent une demi-liberté et six sous par jour. Notre auxiliaire prit nos cruches à demi-vides et

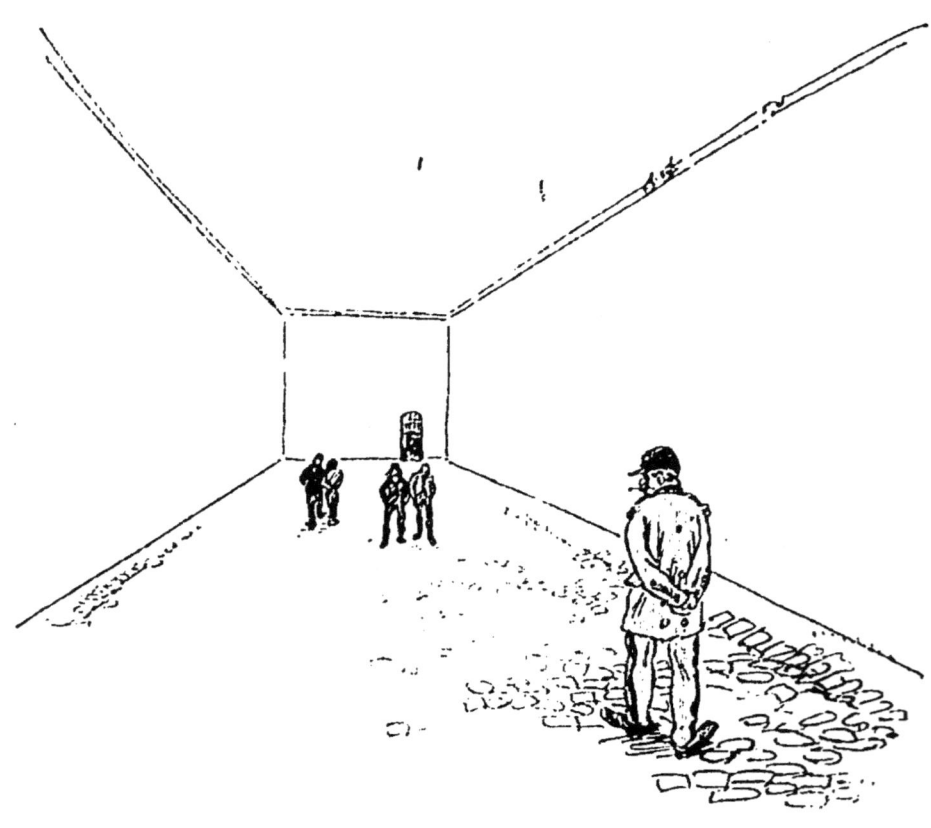

nous les rapporta au bout d'un moment remplies d'eau fraîche. En se retirant, il nous murmura cette recommandation : « Ne jetez pas vos mégots s'il vous plaît. »

Après une toilette rapide, nous descendîmes nous dégourdir les jambes dans la cour, ouverte trois heures et demie par jour aux déambulations des détenus politiques. Depuis deux semaines, Malato n'avait pu faire dix pas en ligne droite; il se rattrapa avec délices. La cour n'était cependant pas bien attrayante : longue de vingt huit mètres et large de douze, pavée à réjouir les cordonniers et encaissée entre quatre hautes murailles, elle ressemblait à un immense cul de basse-fosse. Une vigne microscopique faisait semblant d'escalader la porte de la cantine où l'on accédait par une dizaine de marches.

Vers neuf heures, nous réintégrâmes la Grande-Sibérie. Zevaco et Caillava, à la porte desquels nous avions discrètement frappé, dormaient encore. Derrière nous, l'aide cuisinier montait notre déjeuner : deux gamelles d'un liquide gras baptisé bouillon par euphémisme et une mince tranche de carne, plus notre vin de la journée, — menu qui devait se répéter implacablement chaque matin. Dans le bouillon nageaient, pas toujours, mais assez souvent, d'infortunés asticots, décédés à la fleur de l'âge, à en juger par leur taille, victimes de l'inconsciente cruauté du cuisinier.

Le déjeuner, que nous faisions durer le plus longtemps possible, afin de nous illusionner sur le nombre de plats, n'était pas encore terminé lorsque quatre coups de sonnette retentirent. Quatre coups! c'était le signal d'appel pour Gegout. Celui-ci se leva comme une trombe, disparut dans les escaliers, lancé à renverser une armée, fut en une seconde au rez-de-chaussée, souleva le marteau rivé à la porte du greffe et reçut du père Monnien un paquet de journaux, de lettres, de cartes-postales, voire même de prospectus : jusqu'où la réclame ne poursuit-elle point ses patients ?

— Mon courrier ! fit-il, en réprimant une grimace devant le visa directorial majestueusement étalé sur les missives décachetées.

Malato qui, depuis le 28 avril, n'avait lu en fait de feuilles publiques qu'un lambeau de *Cocarde* enveloppant deux sous de fromage d'Italie et passé inaperçu des gardiens du Dépôt, poussa un cri de joie au retour de son ami : d'une main avide il accapara le paquet de journaux.

Ayant ingéré une demi-douzaine d'articles de fond, parcouru les faits-divers et donné un coup d'œil aux tribunaux, nous nous levâmes pour relaver prosaïquement notre vaisselle. Par la suite, Malato fit observer avec raison qu'afin de salir moins de torchons nous pourrions nous servir de journaux, et ce fut le *Combat*, organe des socialistes autoritaires, que nous élevâmes sans hésitation à cet usage domestique. Pendant deux mois, c'est-à-dire tant que ledit journal continua de paraître, nous avons frotté nos assiettes et récuré nos gamelles avec la prose de nos meilleurs ennemis. Comment n'avons-nous pas été empoisonnés ?

Lestés de corps et d'esprit, nous poursuivîmes la reconnaissance des lieux que, la veille, nous avions seulement ébauchée. Sur les fenêtres s'étalaient, gravés ou tracés à l'encre, les noms des hôtes qui nous avaient précédés : nos camarades Leboucher, Moreau, anarchistes; Crié, Morphy, Émile Gautier, qui avaient cessé de l'être; Gabriel Deville, socialiste autoritaire de talent qui ne manquera certainement pas de nous faire fusiller à la prochaine révolution... si les circonstances le lui permettent; Alfred Le Petit, dessinateur boulangiste; Raoul Rigault, type du bourgeois noceur et radicalisant, faufilé dans les mouvements prolétariens.

Les murs, autrefois surchargés d'inscriptions et de dessins des moins obligeants pour les divers régimes politiques, — ce qui prouve bien que la tendance sociale est antiautoritaire, — avaient été soigneusement grattés, badigeonnés d'une couche vert d'eau et s'étalaient dans leur nudité déplorable.

L'anarchie n'est pas incompatible avec l'esthétique.

Pendant les quatre mois que dura notre séjour à la Grande-Sibérie, nous couvrîmes les murailles d'enluminures variées, découpées dans les revues et les journaux illustrés. Ce n'est pas tout :

mû par une idée géniale, Gegout placarda sous cette rubrique : *Suprêmes... âneries*, — nous disons « âneries » pour les dames, — une collection choisie des plus belles naïvetés journalistiques.

On y lisait entre autres énormités :

« Le nègre en état d'esclavage est un nègre qui a un emploi. »

. . . .

« Quand même la manifestation du 1er mai n'aurait pas eu toute sa portée, quand même elle n'aurait pas eu lieu, elle n'en aurait pas moins prouvé avec la dernière évidence notre force et la faiblesse de ceux qui s'arrogent le droit de gouverner les peuples malgré eux. »

. . . .

« Le prêtre n'est pas quelque chose : c'est le prêtre. » *Tu quoque, Olympio!*

« Ses yeux (d'une enfant de six ans) étaient bien faits pour saisir l'amertume qui perle à la racine de nos sentiments. »

. . . .

Deux détestables poésies de Coppée, publiées dans le *Figaro* : l'une, intitulée *le Coup de tampon*, commençait par ces vers :

Depuis plus de quinze ans, le nommé Marc Lefort
Est mécanicien sur la ligne du Nord.

Et finissant par celui-ci :

Marc, l'anarchiste, est mort pour sauver les bourgeois!

Si tous les révoltés étaient de cette trempe-là, ne serait-ce pas à leur décerner le prix Montyon ?

L'autre, l'*Homme-Affiche*, contenait ce vers désobligeant pour toute une classe de petites ouvrières, jolies en général :

A l'atelier, c'est plein de calins dans les fleurs...

Voyons, monsieur Coppée, toutes les femmes ne peuvent être princesses de profession ! N'est point qui veut cousine d'un monarque.

Plus loin : une découpure d'article d'Alphonse Karr, donnant Étienne Marcel comme patron des communistes; la lettre d'un descendant de Joseph Prudhomme, établi à la Havane, se glorifiant (!) d'avoir dénoncé à la justice l'assassin Eyraud « que son crime a rendu célèbre et qui a laissé des dettes partout où il a passé » (ainsi se terminait la longue épître); une ode dithyrambique adressée par un maire de province au président Carnot et le félicitant en alexandrins d'avoir été le petit-fils de son grand-père.

Nous en passons et d'aussi bonnes. Quant à Francisque Sarcey, que le lecteur ne s'étonne point si son nom ne figure ici. Après mûre délibération, nous avions résolu d'éliminer ses productions originales, qui eussent tapissé les quatre murs.

Un jour, le dieu de l'interwiew, celui qui trône au *Figaro*, Charles Chincholle, bon vivant quoique socialophobe de la plus belle eau, vint voir Gegout avec lequel il était intimement lié. Au lieu d'entrer au parloir comme le commun des mortels, il profita d'une inadvertance du gardien pour monter droit à la Grande-Sibérie et, du premier coup,

tomba en arrêt devant notre musée des *suprêmes âneries*. Il eut une exclamation superbe :

— Il n'y a rien de moi là-dedans ?

Un confrère nous chut bientôt du ciel brumeux de la politique. Quelques jours seulement s'étaient écoulés depuis notre incarcération, lorsque, revenant d'une promenade dans la cour, nous rencontrâmes, escorté du gardien-chef, un civil de taille moyenne, dont l'œil bleu nous souriait avec bonhomie.

— Tiens! le général Boulanger! murmura Malato.

Le fait est que l'arrivant ressemblait fort, sauf l'âge, au chef du parti national : cheveux courts,

moustache tombant dru, barbe en pointe, un mélange de complaisance et d'allures bureaucratiques. Évidemment, il s'était fait une tête et, s'il n'était le général, — il s'en fallait de quelque vingt ans, — il devait être un de ses partisans enragés, copiant de loin l'idole.

Nous remontâmes dans notre chambre : quatre heures, l'heure sacrée du dîner, sonnaient. A ce moment, on frappa à la porte; nous allâmes ouvrir : le sosie du général parut.

Achille Boulogne, publiciste, rédacteur à la *Cocarde* et au *Révisionniste de Seine-et-Oise*, — tels étaient les noms et qualités de cette autre victime — avait été condamné à un mois de prison pour un article jugé diffamatoire. Jadis employé de bureau au ministère de la guerre, il s'était compromis par son zèle boulangiste au point d'être obligé de démissionner. La rancune avait doublé son ardeur, laquelle, à cette heure, n'était égalée que par ses espérances. En somme, brave garçon.

La prison est éminemment un terrain neutre. Quelles que soient les divergences qui vous séparent, un point de contact vous unit toujours : le mépris ou la haine du pouvoir que vous combattez et qui vous a fait enfermer.

Nous fûmes donc tout de suite en fort bons termes avec Boulogne, qui accepta de partager le dîner réglementaire que relevaient quelques provisions apportées par des amis.

Il élut domicile sur le même palier que nous, à la Petite-Sibérie, car les premiers arrivants avaient l'avantage de choisir leur chambre; les derniers étaient obligés de se contenter de ce qui restait, c'est-à-dire du Grand ou du Petit-Tombeau, ainsi dénommés parce qu'on n'y voit pas clair, et qu'on n'acceptait qu'à la dernière extrémité. Le lendemain, étant allés quémander à Boulogne une boîte d'allumettes, — le libre échange règne à Pélagie, — nous aperçûmes, appendu au mur, un superbe chromo représentant le général Boulanger et, comme Gegout esquissait un sourire railleur, notre voisin, fixant sur nous son œil clair, murmura avec l'accent de la foi : « Il reviendra ! »

A la fin de la semaine, arriva un second boulangiste. Le père Niclosse, gérant de la *Cocarde*, por-

tait juvénilement soixante et onze hivers. Pilier de prison, venant ici pour la troisième fois en moins de deux ans, il connaissait par cœur les détours du sérail, malheureusement incomplet, où sa mauvaise fortune l'obligeait à jouer le rôle d'eunuque, ce dont il grommelait fort, ayant, en dépit de l'âge, conservé de plus mâles aptitudes. Niclosse aimait volontiers à se comparer aux poireaux.

La société s'augmentait : deux boulangistes, deux socialistes, deux anarchistes, — toutes les gammes de l'opposition ! Nous eûmes ensuite un nouveau compagnon, ou plutôt une compagne, car il s'agit d'un représentant du sexe faible, et cette compagne était une délicieuse toute petite chatte que la femme de Malato nous apporta dans son sac à ouvrage.

Pélagie, ainsi fut-elle baptisée malgré les résistances de Niclosse qui émettait des doutes indiscrets sur son sexe, Pélagie grandit dans l'horreur des cachots et n'en perdit pas un coup de dent. Que de fois, elle s'oublia sur nos lits, dessous aussi ! De cuisants reproches, plus tard des corrections, paternellement administrées en vertu de l'axiome : *qui bene amat, bene castigat,* l'acheminèrent peu à peu vers de meilleures habitudes. Un journal, soigneusement déplié et maintenu par une chaise dans un coin de la chambre servit de buen-retiro. Il fallait voir avec quelle componction Pélagie s'avançait vers l'*Autorité* ou le *Triboulet,* dont la prose, si elle avait su lire, eût singulièrement aidé à l'opération. Lorsque tout était terminé, l'un de nous se levait, pliait intérieurement le journal afin de ne rien laisser tomber en route et allait jeter le tout dans un baquet placé à la porte pendant que la jeune chatte cherchait avec des mines effarées le fruit de ses entrailles et grattait consciencieusement le carreau.

V

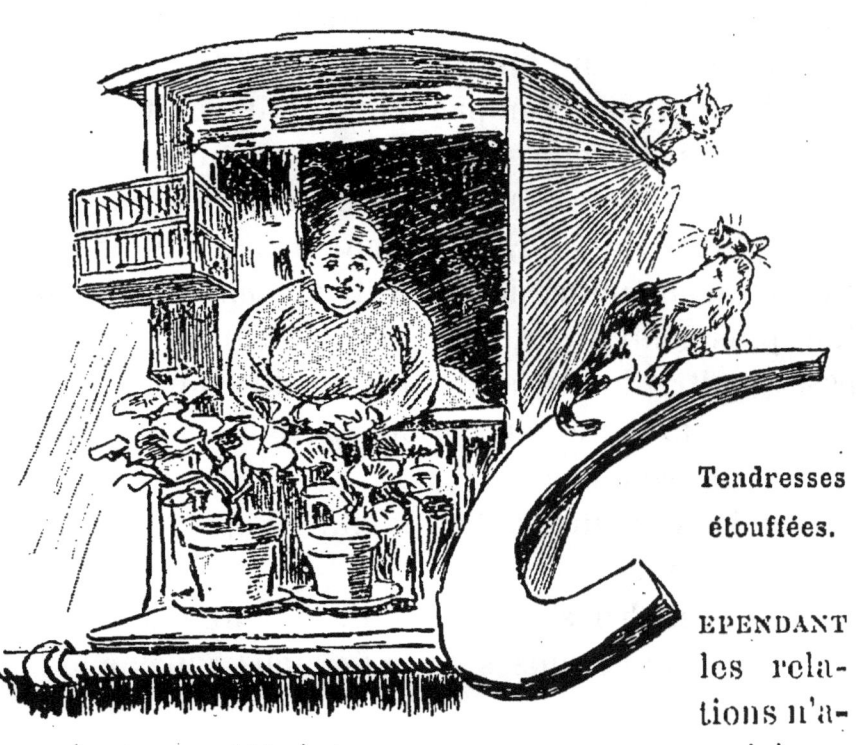

Tendresses étouffées.

CEPENDANT les relations n'avaient pas été interrompues avec nos voisines. Gegout devait naturellement tomber amoureux de l'une d'elles : c'est ce qui arriva. Ce fut sur Juliette qu'il jeta son dévolu.

Le surlendemain de notre installation, il était déjà attelé à un madrigal commençant par ce vers :

« *Sous quel pétale, enfant, as-tu donc vu le jour?* »

Ce malencontreux alexandrin fut la cause d'une brouille qui dura quarante-huit heures. Gegout écrit si mal qu'il peut à peine se lire, et le mot « *pétale* » avait donné lieu à une interprétation déplorable.

— Monsieur! cria Juliette, rouge de colère, à l'auteur déconfit qui lui avait fait tenir son œuvre par l'intermédiaire d'un visiteur, sachez qu'il n'y a pas de *pétasse* dans ma famille.

L'inflammable compagnon n'était point seul à brûler pour la belle enfant. Caillava, mieux à portée pour converser, faisait une cour moins bruyante mais plus assidue. Et c'étaient des brouilles, des raccommodements, de nouvelles fâcheries, d'autant plus comiques que, de part et d'autre, on était assez maître de soi, surtout dans le clan féminin qui, somme toute, n'accordait qu'une bonne camaraderie de voisinage.

Les deux rivaux se débinaient loyalement à qui mieux mieux.

— Où est Ernest? demandait la jeune ouvrière qui avait trouvé plus simple de nous appeler tous par nos prénoms.

— Il est en train de se faire arracher une dent, répondait Caillava, c'est la sixième depuis deux jours.

— Juliette, reprenait à son tour Gegout qui, lui, se livrait sans façon au tutoiement, évite le contact de Caillava : il a des poux.

Et comme Caillava, très soigneux de sa personne, s'était offensé sérieusement de cette boutade, son implacable concurrent lui monta la scie inverse :

— Juliette, tu peux frayer, — oh! pardon — avec Caillava : il n'en a plus !

Ces relations de voisinage n'étaient pas les seules. Une mansarde de la même maison, au cinquième étage, était habitée par une plantureuse dame dont nous pûmes apprécier bientôt l'aimable caractère. A sa fenêtre, qui faisait vis-à-vis aux nôtres du côté sud, était placée, près d'un pot de fleurs, une cage détenant un serin. Un petit diable de moineau venait toujours narguer le captif ou, peut-être, causer amicalement avec lui, tout en grignotant son échaudé.

— Un anarchiste! nous dit la bonne dame désignant le gavroche ailé.

C'est ainsi que nous entrâmes en rapports. Mais il fallait mettre un nom sur le visage de notre voisine et nous n'osions pas à brûle-pourpoint l'interroger sur son état civil, — restant de préjugés bourgeois. — En conséquence, nous la baptisâmes *la Mère Mamelue*, et l'appellation lui en resta par la suite.

Bonne mère Mamelue, qu'elle ne se courrouce pas, lorsque ces lignes lui tomberont sous les yeux! Bien qu'âgée d'environ cinquante ans, son corsage étalait encore des rotondités roses que nous lorgnâmes plus d'une fois aux heures d'ablutions matinales... et il y en avait beaucoup, énormément : de là son surnom.

Aimable, enjouée, sans prétention, n'ayant rien

des commères, de plus, fortune inespérée, partageant nos idées avec cette largeur d'une femme intelligente qui ne se passionne ni pour les chapelles ni pour les prédicants, bien qu'elle connût les noms de tous les camarades qui, depuis huit ans, nous avaient précédés ici, la mère Mameluc, gaillarde qui avait été emmenée prisonnière à Versailles en 1871, fut, pendant notre séjour à la Grande-Sibérie, la plus agréable des voisines.

Parfois, une printanière apparition embellissait notre captivité : une jeune fille de dix-sept ans, celle de notre nouvelle amie, venait se pencher à la fenêtre et, avec le sourire un peu triste des malades qui s'éteignent, nous parlait de son frère soldat qui allait bientôt revenir, de son fiancé militaire également et de sa santé à elle, minée par une maladie de poitrine. Le cœur serré, car nous l'avions prise en grande sympathie, nous murmurions de banales consolations :

« Ne vous affectez pas : à votre âge, on lutte victorieusement contre la maladie. »

« Sortez un peu, il fait beau ; cela vous remettra. »

Il ne faudrait pas croire que nous fussions absolument privés de la vue de nos amis. Sous le second Empire, la prison de Pélagie n'avait été rien moins que terrible. Non seulement le détenu recevait qui bon lui semblait, mais encore, il lui arrivait de sortir, le plus souvent sous la surveillance d'un gardien qu'il remisait chez le premier mastroquet venu et, maintes fois, ce fut le prisonnier qui ramena son surveillant ivre-mort. C'était alors le bon temps; les murs de la prison ont dû garder le souvenir des propos bachiques et des scènes joyeuses dont ils furent témoins. Vers la fin, l'Empire se montra moins débonnaire, il

supprima les sorties : c'est qu'aussi l'opposition était devenue plus menaçante. La troisième République fut beaucoup plus revêche que les régimes précédents; cependant, jusqu'en 1889, les détenus politiques conservèrent la faculté de recevoir *dans leur chambre* un nombre très grand de visiteurs. Sous la période de la lutte contre le boulangisme et à la suite de dessins très satiriques contre l'administration, publiés par Alfred Le Petit, alors prisonnier, un sérieux tour de vis fut donné. L'accès de la chambre fut réservé aux seuls proches parents : père, mère, sœurs, frères, enfants, conjointe, et, par tolérance, étendu aux compagnes non mariées des détenus qui cohabitaient régulièrement avec ceux-ci ; le nombre des autres visiteurs admis au parloir de une heure à cinq, sous l'œil scrutateur d'un gardien, fut réduit à une quinzaine et, pour éviter toute tentative corruptrice, le surveillant changé tous les mois.

Malato recevait dans sa chambre son père et sa femme, au parloir une quinzaine d'amis des deux sexes, anarchistes pour la plupart. Parfois, un camarade, mû par la bonne idée de lui apporter des nouvelles du dehors, prenait sans façon un des noms portés sur la liste. Et alors, c'étaient des discussions avec le père Monnien, brave homme au fond mais qui, tout en regrettant les beaux jours passés, tenait une main, pas trop rude pourtant, à l'exécution du règlement.

« — Comment ! vous vous appelez Viard, mais il est en haut, il vient d'arriver il y a dix minutes. »

« — Parfaitement, c'est mon fils. Malato a cru inutile de nous porter séparément sur la même liste. »

Ou bien :

« — Comment ! encore Laumont ! Mais il en est déjà venu trois sous ce nom-là. »

« — Nous sommes frères. »

« — Oui, oui, je la connais celle-là : vous n'entrerez pas ! »

Ce nom de Laumont fut celui qui servit le plus aux visiteurs et, chose remarquable, celui qui le portait réellement ne vint jamais : très heureusement pour lui, car le père Monnien l'eût traité catégoriquement d'imposteur et mis à la porte !

Gegout était visité de son côté par un nombre d'amis non moins considérable. Si, dès les premiers jours, il avait pu apaiser comme ses voisins, son ardente soif de sociabilité par la fréquentation journalière, intime et prolongée dans sa chambre, de personnes d'un sexe aimable et d'une conversation agréable, il eût supporté sa situation avec le stoïcisme d'un anthropoïde de l'époque tertiaire.

Mais il n'y avait guère moyen de composer avec la sévérité de la consigne et la pureté des mœurs à Pélagie.

Seule, la famille naturelle ou d'élection, mais estampillée par un long usage, avait le droit d'apporter quelques douceurs et quelques consolations hygiéniques aux détenus.

Or, Gegout était sans famille, comme le héros de M. Hector Malot, orphelin depuis les temps les plus anciens, et en rupture définitive d'union légale — car avec le temps qui douche et calme les passions, il avait compris qu'en toutes sortes de choses, surtout en amour, il est imprudent de s'engager à fond.

Les règlements édictés par le ministre de l'intérieur et placés sous la rigide sauvegarde d'Herbette, chaste directeur de l'administration pénitentiaire et farouche admirateur des tortionnaires sibériens, ne pouvaient toutefois le laisser indéfiniment perplexe. La première semaine de sa captivité s'achevait à peine qu'il se recrutait une famille et écrivait au ministre :

Je suis orphelin sur la terre,
N'aurez-vous donc pitié de moi ?
Pour remplacer mes père et mère,
Voici des gens de bon aloi :

L'oncle Chincholle est vertueux,
Point exalté, fort perspicace,
Autre que lui ne saurait mieux
M'admonester en cette place ;

Puis mon cousin, Albert Goullé,
Très fort, ma foi ! sur la maxime,
Pourrait venir rue de la Clé,
— Blanqui l'avait en grande estime.

De soins jaloux et vigilants,
Mougin sut entourer l'*Attaque*
Jusques à ses derniers moments ;
Je ne puis croire qu'on le plaque.

Grumbach est un de mes amis
Que je traite plutôt en frère ;
Je n'admets pas qu'il soit omis,
Ma douleur serait trop amère

Et puis... et puis... j'ai l'âme tendre,
Sacrés bons dieux, et des besoins !
N'allez-vous pas aussi me rendre
Ma Léonie aux si doux s...oins ?

L'oncle Chincholle, le cousin Albert, le bon Mougin, l'ami Grumbach, et celle pour qui le cœur du captif chantait comme l'oiseau des bois, jouirent bientôt de l'autorisation réclamée.

Hélas ! ils ne devaient pas la conserver longtemps. Le prisonnier était si tendre, qu'un jour, perdant toute prudence, la notion du temps, oubliant le milieu et la malignité du monde, il se laissa aller aux glorieuses choses d'amour, non pas avec son oncle, dieu merci! mais avec sa mie, sa compagne fraîchement élue, celle dont les doux yeux glissaient du miel dans sa pensée :

« Car c'est quand l'homme ploie à l'angoisse de vivre
« Que l'amour le saisit et, de son bras géant,
« Le pousse pantelant et comme une bête ivre
« Vers le gouffre natal où dormait son néant! »

L'aide-cuisinier n'avait jamais admiré ces beaux vers d'Armand Silvestre, pour la simple raison qu'il ne les avait point lus. Cet homme de feu, apportant ses gamelles de haricots fumants — ne le sont-ils pas toujours? — troubla sacrilègement la poésie de l'heure et la divinité des joies. En cette circonstance, plus qu'en tout autre, les haricots étaient importuns. Gegout tonna contre ces intrus matériels; sa compagne, tout émue, se blottit sous son aile jusqu'à ce que le bruit des pas du marmiton se perdit dans la profondeur de l'escalier.

— Ah! y s'en paient rien des tranches, les politiques, rigouilla le gamellier à son chef.

— Ce qu'ils sont cochons, tout de même! se murmurèrent à l'oreille le lendemain les femmes des surveillants en faisant des moues longues comme des verroux et en riboulant des yeux... des yeux...

Le « politique », ayant rencontré le directeur dans l'escalier, celui-ci, l'œil fuyant, la lèvre humide, le ton sacristique, l'apostropha :

— Madame ***... vient-elle toujours?

— Oui et, grâce à elle, monsieur, j'oublie un peu les vilaines promiscuités que je subis ici.

— Elle est fort gentille, en effet.

— Vous ne faites que lui rendre de justes hommages.

— Seulement, je trouve les vôtres intempestifs. Oserez-vous me dire que cette personne est de votre famille ?

— Certes! un rameau nouveau, que j'arrose de ma tendresse.

— Trêve de plaisanterie. Ce que vous faites ne serait réglementaire que vis-à-vis d'une épouse ; vis-à-vis d'une maîtresse, cela n'a pas de nom.

— Par exemple! ça s'est chanté dans tous les temps, sous tous les ciels; toutes les langues en sont ravies, tous les sens en sont émus. C'est l'Amour! Etes-vous si vermoulu que vous ne vous en souveniez plus? A chaque étage, derrière chaque porte, mes codétenus eux aussi, se livrent journellement à cet exercice d'une nature non moins hygiénique qu'intime. Or, l'hygiène est de rigueur dans les maisons où se pratique la plus large hospitalité. Voudriez-vous donc ternir le bon renom qui s'attache à Sainte-Pélagie depuis un siècle?

— Ce que je veux, c'est vous empêcher de recevoir désormais votre concubine, môssieu! riposta le prudissime fonctionnaire, en se retirant dans ses appartements.

Le qualificatif avait échauffé l'imprudent. Un bouzin de tous les diables emplit le pavillon et ne s'éteignit que fort tard dans la nuit.

— De quelle « vieille carne » te plaignais-tu dans ton cauchemar? lui demanda Malato, le lendemain matin.

Le Torquemada de la rue de la Clé ayant tenu parole, Gegout sentit sa détention devenir chaque jour plus pénible; on le comprendra d'autant mieux, qu'alors la pousse des feuilles battait son plein.

Quand le soleil, après une étuvante journée, s'en allait piquer un somme derrière Montsouris, il restait accoudé à l'une des fenêtres, la pensée ballonnée par un tas de choses vagues, puis braquait ses jumelles dans tous les intérieurs par trop confiants, haletant à la recherche d'une situation pimentée qui satisfît sa curiosité de mâle en cage, appelant l'ange salutaire qui pût alimenter sa sentimentalité développée par la solitude, donner, momentanément du moins, une direction à la barque sur laquelle son cœur, vers l'inconnu, s'en allait à la dérive.

Le souvenir de ses prédécesseurs dans cette nouvelle Bastille taquinait peu sa rêverie. Il professait pour ceux qui ne sont plus une insondable indifférence, ne sachant à quelles causes premières nous devons nos impulsions vers ce que conventionnelle-

ment l'on nomme le bien et le mal; impersonnaliste, conséquemment, il n'accordait pas plus de considération aux « grands caractères » de son temps, qu'il ne vouait de mésestime aux plus complètes « vadrouilles ».

Ce qu'il désirait, ce qu'il cherchait avec un énorme besoin, ce qu'il croyait apercevoir à chaque instant, à chaque étage, derrière chaque volet, chaque rideau, chaque pot de fleurs, c'était la jolie petite tête blonde ou brune — ses principes n'avaient pas de couleurs préférées, — sur laquelle il eût bien vite laissé tomber quelques-unes de ses tendresses inutilisées.

Mais cette vieille, gueuse de déception toujours aux aguets de nos rêves, ricanait à chacune de ses envolées.....

. . . .

Un soir, à l'heure mourante, de la fenêtre qui donne sur la Pitié, il entrevit, se mouvant dans le clair-obscur d'une mansarde de l'hospice, d'assez belles épaules charnues, caressées par les derniers reflets du couchant. Et comme, tout ému, il s'oubliait dans la contemplation de ces chairs majestueuses et tentantes, en évoquant des trésors plus somptueux encore, il eut la subite vision d'une tête hideuse et déchevelée, aux yeux chassieux, clignotants et bigles, et, plus bas, de choses innommables et informes s'écroulant lamentables en un abîme de corset.

C'était bien là l'image répugnante, en son réalisme, de la société actuelle dont le sein épuisé et flétri, reste impitoyable aux lèvres des assoiffés ! société séduisante encore pour qui la voit de loin, repoussante pour qui l'approche et la détaille !

Il restait tout gourd en face de cette ruine, tout angoissé devant l'anéantissement de son idéal évoqué.

Alors la vieille, projetant son buste en dehors de la mansarde, eut un rictus abominable qui lui désarticula les mâchoires et découvrit jusqu'au fond de ses entrailles, puis lui cria, cynique :

— Tu peux te fouiller, mon fils !

. . . .

VI

Nouveaux arrivants.

Ce qu'il y a de plus agréable pour les détenus à Pélagie, c'est d'en voir arriver d'autres, cela rompt un peu la monotonie, — ce qui démontre péremptoirement que notre ordre social est basé sur l'antagonisme des intérêts. Après Niclosse, lequel passait son temps à enseigner le piquet à Gegout et à tricher d'une façon abominable, — hâtons-nous de dire qu'on ne jouait que pour l'honneur, — survint un publiciste, Emile Ferrier, condamné primitivement à quatre mois de prison et dix mille francs d'amende. La détention avait, en appel, été réduite à quatre jours et l'amende payée.

— C'est donc M. de Rothschild incognito ! nous écriâmes-nous.

Les écrivains condamnés à une amende envers l'État ou envers des particuliers sont soumis à la contrainte par corps et internés pendant un temps proportionnel à la somme à payer. C'est, à peu de chose près, Clichy ressuscité.

Ferrier employa consciencieusement ce séjour éphémère à graver son nom dans toutes les chambres. Affichant un profond scepticisme, il s'efforça de nous convertir à l'individualisme le plus effréné et n'aboutit qu'à soulever des tempêtes.

— Croyez-moi, nous disait-il, soyez égoïstes. Laissez l'humanité se débrouiller comme elle peut ; elle ne vaut pas la peine qu'on s'en occupe. Autrefois, moi aussi, j'avais vos idées et je végétais, employé à cent vingt francs. Depuis, j'ai changé : je me suis fait du journalisme une arme dont je me sers sans l'estimer et je gagne en me jouant dix fois mon salaire d'antan. Vous vous dites matérialistes, puisque vous ne croyez pas à une autre vie, tâchez donc de jouir dans celle-ci : tout est là.

— Égoïste ! s'écriait Zevaco indigné.

Et nous reprenions :

— Eh bien, soit ! égoïstes, nous voulons l'être, nous le sommes autant que vous, mais pas de la même manière. Votre façon de jouir nous paraît grossière : libre à vous de l'aimer ! Vous préférez les soupers fins, les courses et les horizontales ; nous éprouvons une plus grande somme de volupté à agiter des idées, à nous passionner et combattre pour elles, acteurs et non plus indifférents dans les épopées sociales, et cette volupté est si réelle que la prison même, qui vous paraît une calamité, est loin de nous effrayer. Chacun prend sa jouissance où il la trouve ; vous préférez celle de l'estomac ou du bas-ventre, nous préférons celle du cerveau et nous ne nous en estimons pas moins matérialistes pour cela.

Ferrier fut remplacé par Morès, accompagné de Vallée, son fidèle Achate.

Nous connaissions à peine de vue le marquis révolutionnaire. Malato l'avait rencontré une fois à Clichy, dans une réunion publique où anarchistes et antisémites avaient discuté d'une façon violente au début, courtoise à la fin. Puis, nous l'avions retrouvé dans les corridors du Dépôt, allant démocratiquement acheter un gobelet de vin à la cantine. Nous le jugions un des champions du parti royaliste et clérical, intrépide comme un mousquetaire, mais connaissant mal les milieux populaires qu'il cherchait à agiter, et nous avions décidé de lui démontrer, avec toute l'aménité naturelle entre codétenus, que nous ne nous abusions pas sur le socialisme chrétien, — une réédition de 48 ! clamait Malato. — Dès le début, nous trouvâmes en lui un galant homme, instruit et courageux. Nous discutâmes souvent et, bien entendu, sans nous convaincre de part et d'autre.

« Cette société est vraiment abjecte, nous disait-il, et la preuve qu'elle est destinée à un prochain effondrement, c'est que, partis des points les plus opposés de l'horizon politique, nous l'avons, les uns et les autres, combattue, et nous nous rencontrons ici prisonniers. Un régime qui mécontente ainsi toutes les parties de la société n'en a pas pour longtemps. » Constatation bien vraie !

« Les anarchistes, ajoutait-il parfois, seront les vrais, les seuls démolisseurs, les autres partis, réformistes ou socialistes parlementaires, n'ayant, au fond, qu'un désir : entrer en pourparlers avec l'ennemi et s'assurer une place dans cet ordre bourgeois qu'ils font semblant de combattre. » Et nous approuvions ; mais au profit de qui agiraient les démolisseurs ? Voilà où les discussions s'animaient.

« Vraiment, exclamions-nous, il serait par trop commode de leur faire tirer les marrons du feu!

S'ils sont prêts à risquer leur peau dans la lutte, ils sont bien décidés aussi à ne pas laisser escamoter la victoire. En 48, — c'était le dada favori de Malato, — les partis réactionnaires feignirent de se rallier au mouvement démocratique qui les débordait, les prêtres bénirent les arbres de liberté, se proclamèrent républicains et montèrent la garde en lisant leur bréviaire : le peuple naïf, égaré comme toujours par son sentimentalisme excessif, les crut : résultat, les arbres de la liberté crevés, Juin et le coup d'État. Sera-t-on assez simple pour recommencer? Si parmi les dégoûtés du pédantisme doctrinaire et des niaiseries parlementaires, se rencontrent des exhubérances romantiques, des envolées dans le bleu, il y a aussi des tempéraments réfléchis et tenaces qui, tout en comprenant qu'une révolution ne peut avoir son cadre entièrement tracé à l'avance, sont bien décidés à laisser le moins possible au hasard. » — « Nous vous voyons venir, vous, les socialistes chrétiens, tempêtait Gegout dans un échevèlement furieux, votre antisémitisme n'est qu'un leurre tendu aux naïfs pour les détourner de la révolution sociale. Pendant que ceux-ci culbuteraient vos ennemis, les Juifs, détenteurs de ce capital conventionnel, improductif : l'argent, vous mettriez vos biens à l'abri, vous conserveriez vos terres, richesse autrement solide que le papier ou le numéraire et, derrière les combattants, vous vous relèveriez plus puissants que jamais. Non! votre socialisme n'est qu'un masque à duper les niais : entre vous, partisans d'une autorité, partisans de la propriété individuelle et nous, matérialistes, qui voulons notre paradis sur cette terre, athées qui nions l'autorité des hommes comme celle d'un dieu, socialistes qui réclamons l'accessibilité de la richesse universelle à tous, il ne peut y avoir de fusion possible. » — « Eh bien soit ! s'écriait Morès avec un bel élan ; les catholiques ne demandent que la liberté de vivre et de croire à leur guise, mais, si on la leur refuse, ils se soulèveront. Non ! nous ne serons pas aussi stupides qu'on l'a été il y a un siècle. Quant à moi, si le monde doit nous écraser sous sa chute, je saurai me faire de belles funérailles. »

Et nous le croyons : un abîme sépare nos deux routes.

Avec ses connaissances acquises et ses qualités naturelles, Morès, de par l'atavisme et le milieu, est lancé vers un but opposé au nôtre; mais il est de ces adversaires qu'on aime à saluer dans la bataille et auxquels on est heureux de tendre la main pendant les instants de trêve ; cela vous repose des épiciers.

Nous n'avons pas encore parlé de Vallée; réparons cet oubli.

C'était un solide gaillard, large d'épaules et haut de six pieds. Serrurier de profession, il avait pris goût à la politique, péroré dans les réunions et, finalement, s'était mis à la remorque de Morès. Combien celui-ci dût-il en drainer, dont beaucoup n'étaient que d'un dévouement très relatif! Vallée, intrépide joueur ayant le mot original, grand batailleur s'il fallait l'en croire, avait, en somme, des opinions mal assises qui flottaient de l'antisémitisme à l'anarchie, selon qu'il se trouvait avec Morès ou avec nous. Cette façon d'être anarchiste eût comblé de joie les écrivains habitués à nous dépeindre comme de simples condottieri sans idées ; pour nous, nous éprouvions une impression pénible à voir cet ouvrier mêler la religion catholique, le boulangisme et l'émancipation prolétarienne.

La prison se peuplait de plus en plus. Boulogne était parti après Ferrier : deux remplaçants arrivèrent, que, faute de place, l'on avait logés provisoirement à la Santé, prison réservée, cependant, aux délits de droit commun. Delpierre, gérant de l'*Intransigeant*, condamné à un mois, nous venait, flambant dans une chemise rouge, accompagné d'Hervagaux, gérant du journal catholique *la Croix*. Celui-ci, sorti depuis peu du séminaire, se trouvait dans la situation de Daniel, encagé avec des lions ; aussi, esquivait-il les discussions orageuses et se renfermait-il au Petit-Tombeau, son domicile, où nous n'avions pas l'indiscrétion d'aller le relancer. Là, tirant un paroissien, il se livrait à des exercices de méditation ou bien faisait retentir les échos de cantiques, auxquels les boulangistes répondaient par *les Pioupious d'Auvergne;* Zevaco, par une romance, et nous, par la *Carmagnole;* puis, Caillava entonnaît, et tous reprenaient en chœur, la fameuse chanson de son pays :

> « Couantès pas per you,
> Couantès per ma mie
> Qu'es aouprès de you. »

VII

Le groupe « l'Amour Libre ».

La partie la plus mouvementée et certainement la plus agréable de la journée, s'écoulait de une heure à cinq. A ce moment, le parloir offrait un coup d'œil bizarre.

On y voyait successivement des reporters anglais, — c'était pour Morès — des pères capucins gros et gras, accompagnant Mᵐᵉ Hervagaux, qui jetait sur nous des regards empreints de mépris et de terreur, — pensez-donc : des révolutionnaires ! — puis de vieux braves au nez culotté, retirés dans la gérance ou l'expédition des journaux, qui pèlerinaient auprès de Niclosse ; des rédacteurs de l'*Égalité*, amis de Zevaco, avec lesquels nous nous entretenions cordialement malgré l'animosité respective des diverses fractions socialistes et la différence complète de but ; des oncles, tantes, cousins et cousines de province venant réconforter Caillava, et, pour nous, d'interminables ribambelles de bourgeois démocrates, de citoyens et de compagnons.

L'élément féminin ne manquait pas non plus. D'élégantes dames s'intéressant à Gegout, emplissaient le parloir d'un frou-frou d'étoffes, de senteurs douces ou capiteuses et de chuchotements mystérieux. Puis, à côté de ces délicieuses bourgeoises brunes, blondes, châtaines, s'avançait crânement avec l'inébranlable solidité des vieilles troupes, le groupe *l'Amour libre*.

Rien n'est certainement plus respectable que l'amour, puisque c'est lui qui donne de l'attrait à une fonction assez peu ragoûtante en somme, à laquelle nous devons la conservation de l'espèce. Notre société, qui règle tous les actes de la vie par une question de *Doit* et d'*Avoir*, l'a enchaîné, domestiqué, vendu ; beauté, jeunesse, grâce, elle prostitue tout à l'argent; le mari devient le propriétaire de sa femme, pas autre chose; puis, quand ce propriétaire s'est bien rendu ridicule ou odieux, il exige fidélité, attachement, mais Cupidon, auquel on a coupé les ailes, ne tarde pas à se venger.

Reconnaissant à chaque individu le droit de disposer de soi-même, les anarchistes sont naturellement partisans de la liberté sexuelle : s'unit qui s'aime, sans en demander l'autorisation à personne. Quel pléonasme, d'ailleurs, que ces deux mots : « amour libre ! » comme si l'amour pouvait exister autrement qu'en toute liberté ! Il a fallu tout le despotisme baroque de nos lois et de nos coutumes pour forcer à ériger en principe une chose si simple. Quelques-uns, il est vrai, de nos amis, allaient un peu loin dans cette voie; ils avançaient que, sitôt le désir sexuel assouvi, l'amour ne pouvait plus subsister et que les amants devaient se séparer immédiatement; c'était, à la tyrannie d'un dogme, répondre par la tyrannie d'un autre dogme en sens inverse, sans tenir compte des différences de tempéraments chez les individus. Mais, c'est le sort des idées nouvelles d'être outrées; si elles n'étaient projetées avec cette violence désordonnée, jamais elles ne traverseraient les obstacles que leur oppose la routine; elles se perdraient en route.

Nombre de jeunes libertaires, doués d'un tempérament exhubérant, s'étaient mis à pratiquer l'amour à outrance. « C'est bien malheureux ! gémissait Malato, toujours à la recherche d'un juste milieu entre le puritanisme des doctrinaires et l'insouciance épicurienne des autres; on perd de vue les choses sérieuses, on ne songe plus qu'à s'amuser : allons, l'harmonie, la nature, les affinités, l'amour, les petits oiseaux, toute la lyre, quoi! ne vous gênez donc pas! il sera bien temps de vous réveiller quand vous aurez roulé au fond du fossé où la réaction viendra vous fusiller! »

Il mettait, cependant, une sourdine à ses lamentations quand au parloir apparaissait, toujours muni d'un panier d'excellents fruits ou d'une moitié de volaille passée subrepticement, le joyeux Paillette. Car celui-ci n'était rien moins que le grand-prêtre de l'Amour libre, dans l'antiquité il en eût été le dieu. Chansonnier d'un talent sincère, philosophe réaliste, avec de douces effusions et d'incessantes envolées vers une société idéale, Paillette respirait la bonté; le rôle qu'il s'était assigné était de rechercher et de mettre en rapport les tempéraments harmoniques. Et qu'on n'aille pas le ranger parmi les individus peu intéressants qui se font de l'exploitation de l'amour une profession lucrative : Paillette n'opérait que pour l'art et la satisfaction de sa conscience. Il était heureux de voir le bonheur des autres.

Mais, revenons au groupe féminin et esquissons le portrait de quelques compagnonnes : d'abord, Ita, belle brune, majestueuse comme une déesse de Virgile et aux lèvres rouges comme une grenade. Très indifférente, celle-là, aux voluptés charnelles, bien que sans préjugés, elle vivait surtout par la tête où se concentrait sa passion et dissertait d'amour sans le pratiquer. Tout le contraire de Louise, une petite amie, rousse et pâle, qui l'accompagnait parfois et vous déshabillait d'un regard troublant.

Puis, sous un large chapeau rond à fleurs, une tête blonde; sur cette face, des lunettes abritant une paire d'yeux verts et moqueurs; au-dessous, un petit nez retroussé, une jolie bouche. Un corps assez long et maigre enveloppé dans une robe bleu sombre de coupe anglaise. Une pointe de sentiment, de l'âpreté dans les discus-

sions théoriques, parfois, une sortie renversante qui nous mettait sens dessus dessous, le tout assaisonné d'un léger accent anglais, car elle avait vécu longtemps aux Indes dans une famille britannique; vingt-deux ans, la poitrine délicate : telle était Fanny, l'une de nos plus fidèles habituées.

Une petite tête ronde, frisottée, avec deux beaux yeux bruns expressifs et singulièrement mobiles, un petit corps fluet et trottinant, de petites mains blanches composaient la personnalité de Mathilde; comme enveloppe une jacquette jaune, une robe claire, de mignonnes bottines. Ah! n'oublions pas le chapeau, car les chapeaux étaient le triomphe de Mathilde. Elle les faisait très coquettement elle-même et se présentait avec un nouveau chaque fois. Elle aussi fut une de nos plus assidues visiteuses.

Oh! ces séances du parloir, comment les oublier?

— Tenez! murmurait un camarade, voici une réponse de Louise Michel à votre dernière lettre.

— Ah! que dit notre amie? — Et nous décachetions vivement la missive qui nous était glissée : c'était une promesse de venir nous voir, promesse que n'a pu tenir la vaillante femme, abreuvée de persécutions lâches et obligée de chercher un refuge dans l'exil.

Figure étrange qui semble appartenir à une autre époque, Louise Michel est la prophétesse de la révolution. A côté d'une insouciance singulière des choses pratiques, d'un dédain complet des petits détails, elle a des intuitions d'une puissance surprenante. Nature d'artiste en même temps que de lutteuse, elle s'abandonne sans résistance au souffle surhumain qui la pousse et, tout en passant, drapée dans sa grande robe noire, semblable à un vivant drapeau de révolte, elle salue, dans une vision de rêve, les flamboiements de pourpre, les rougeoiements d'aurore et les discordances farouches des cyclones échevelés. Telle dût être Velléda; telles devaient être les Valkyries.

— Différemment, croyez-vous à l'amnistie? s'enquérait le gérant de l'*Égalité*, que son esprit

positif ramenait toujours aux questions d'intérêt immédiat.

— L'amnistie ? Oh ! certainement, avant quinze jours, affirmait sans la moindre hésitation l'optimiste Grumbach, qui multipliait consciencieusement ses visites au parloir depuis que l'accès des chambres lui avait été retiré.

— Eh ! Malato, regarde donc le ratichon : il a une bonne tête, n'est-ce pas ? faisait tout haut Fanny, en désignant un révérend barbu et bien râblé qui s'entretenait onctueusement avec Hervagaux, en l'appelant : « mon cher fils. »

Le prisonnier, ainsi interpellé, se trémoussait avec désespoir. Tout en préconisant la lutte implacable, il aimait témoigner par ses procédés que c'était l'obstacle et non l'individu qu'il combattait ; les sorties intempestives de Fanny le mettaient au désespoir ; Mathilde intervenait alors et, sous couleur de tendre la perche au prisonnier, décochait en passant un coup de griffe à sa camarade :

« — Cette Fanny est-elle sans façon ! »

Car les deux jeunes femmes étaient devenues rivales, — oh ! n'exagérons pas la situation : rivales d'une façon bien platonique. Elles avaient fini par nous considérer un peu comme leur chose, à l'instar de ces chiens et de ces perroquets que leurs maîtresses entourent d'une affection jalouse. Où diable l'instinct propriétaire va-t-il se nicher ?

Lorsque cette émulation, avivée par des pointes fréquentes, menaçait de se transformer en hostilités ouvertes, Malato, qui, vu sa descendance italienne, se targuait d'aptitudes diplomatiques, s'efforçait de concilier les parties.

« — Comment! comment! faisait-il... des affranchies!... »

Et il serrait la main à l'une, parlait dans l'oreille à l'autre, tandis que la marmoréenne Ita, se tenant au-dessus de ces misères, dissertait collectivisme, affinités, groupement libre; que Louise lorgnait Vallée de ses yeux clairs; que Viard, Goullé, Grumbach, Caillava, Zevaco, Niclosse, visiteurs et détenus, emplissaient le parloir du brouhaha de leurs conversations et que le gardien, succombant à la chaleur, au bruit, à la monotonie de son isolement au milieu de ce tumulte, s'endormait consciencieusement sur son siège. A ce moment, Morès faisait son apparition : rasé de frais, fleuri d'un gardénia, correct comme aux jours de club. Il portait un léger appareil de photographie instantanée et, d'un geste, réclamant l'immobilité, nous prenait tous : isolément, en masse, par groupes séparés.

« — Morès, après vous, n'est-ce pas? vous me laisserez essayer », demandait Gegout.

Et celui-ci, à son tour, rangeait le public, visait et tirait à outrance. Il tirait si bien qu'il oublia constamment de changer la plaque après chaque épreuve et que visiteurs, prisonniers, surveillant, — en un mot, toutes les figures, — vinrent s'amalgamer sur la même feuille, formant un enchevêtrement hiéroglyphique à défier les efforts de tous les Champollions.

VIII

Idylle.

ENDRE et parfumé, un pli rose s'alourdissant sous un énorme cachet armorié, vraie salade héraldique : petit croissant, étoiles, merlettes et croix de ma mère, gisant sur champ de gueule, auréolée d'une couronne comtale fut remis certain matin à l'apprenti photographe qui l'ouvrit et lut à haute voix :

« Monsieur,

« Je désire vivement vous voir. La chose est-elle possible ?

« JANE. »

Suivait l'adresse.

— Bidard! argota Vallée, tu vas t'démancher les fumerons!

— Ce que j'en ai reçu de ces lettres, moi! dit Niclosse. Quand j'étais aux 3ᵉ zouaves, toutes les fumelles de Constantine m'en envoyaient des fournées. Un jour, mon colonel me dit : — « Niclosse, vous êtes le plus ancien sous-officier du régiment, je puis avoir confiance en vous. Ma  femme me trompe, savez-vous avec qui? » — « Si je le saurais, que je lui ai répondu, aussi vrai que ma trousse est complète, j'aimerais mieux me couper la gueule en quatre que de lâcher le morceau! » — Je vous crois, ajouta l'ancien, bibi se payait la gonzesse!

— T'as pas fini d'couler, vieux bidon? ricana Vallée.

Le destinataire de la lettre fouillait inutilement le stock de ses galantes aventures. Il connaissait tout un régiment de Jeannes, ayant la plume fantaisiste. Laquelle était la bonne?

Flairant une blague, il laissa la demande sans réponse.

Le surlendemain, nouveau pli rose tendre, nouvelle prière.

Niclosse entreprit l'histoire d'un commandant du troisième bataillon du premier zéphyr, dont la fumelle...

— Un autre chameau, hein? Eh bien! si vous en avez une caravane, foutez le camp au désert avec elle et laissez-moi la paix, dit Gegout, grincheux. Je vais y expédier aussi la nymphe au papier cuisse.

« Mettez moins d'armoiries et un peu plus de renseignements sur vos lettres, j'aime assez connaître les gens avant de les recevoir. »

— De la rouss'tissure, probablement, murmura-t-il en fermant la lettre.

Malgré qu'il en haussât les épaules, cet imprévu, au fond, taquinait sa nervosité. Son sens olfactif, presque atrophié par les violentes émanations des tinettes étagées dans le pavillon, se ranimait sous la douce évaporation de l'*héliotrope blanc*, féminisant le papier aux pattes de mouche.

Son ami Paton — ne pas confondre avec Patin

— qu'il n'avait pas vu depuis un siècle, le réclama au parloir.

Paton, l'ancien garde du corps de Blanqui, durant les dernières sorties conférencières du Latude révolutionnaire; Paton, le potard de l'anarchie, qui venait d'écoper de deux mois de prison pour avoir mal combiné certain mélange destiné à faire éclater le moule social et qui n'avait que pulvérisé le laboratoire de son patron; Paton, cœur d'or, floraison de mansuétude, de sincérité et de dévouement; Paton sortait de la Santé et sa première visite était pour les frères dans la mistoufle.

En l'apercevant, le pensionnaire de Pélagie recula d'un pas.

L'arrivant avait la figure contractée, l'œil droit fuyait sous l'arcade, tandis que la bouche sombrait vers le menton.

— Mon pauvre ami, dans quel état te voilà!

— Ce n'est rien. Un froid pigé en cellule m'a paralysé un côté de la face. Mais parlons de toi. Puis-je t'être utile?

L'autre se prit à rêver:

— Guère facile, avec ta tête! Si je t'envoie dans le monde, tu n'y feras certes pas belle figure.

— Dans le monde?

— Ça te renverse? Tu oublies que j'ai été sous-préfet?

— Oh! si peu, et il y a si longtemps!

— Lis donc!

Et la lettre au cachet armorié glissa sous les yeux de l'incrédule.

— Tu peux flairer, rien de la pharmacopée.

— Du lapin, sûrement. Et tu voudrais que j'allasse m'en assurer, je parie ?

— Parbleu ! Sois prudent, interroge avec tact, n'éveille aucun soupçon, ne trouble aucune quiétude.

— S'il y a un mari ?

— Emploie l'imparfait du subjonctif, ça le tuera.

— Demain, à pareille heure, tu seras fixé. Au revoir.

Un autre visiteur arrivait. Haut en couleur, l'œil à reflets d'acier, la moustache rousse, épaisse, tirebouchonnée sous un nez solide et long comme un pieu d'estacade, la parole brève, cravachante. C'était Violard, un beau gars normand qui avait rompu avec la Faculté de Médecine pour entrer dans le journalisme parisien, puis colonial afin d'ouvrir des débouchés à ses fréquentes misanthropies. Cet acerbe pamphlétaire était la terreur du gouvernement algérien.

A la condition qu'on ne le contrariât ni dans ses goûts, ni dans ses habitudes, ni dans sa manière de voir, il était d'un commerce fort agréable. Par exemple — et combien ainsi que lui — si vous risquiez la moindre critique, si vous heurtiez sa volonté, il vous traitait immédiatement de brute ou d'idiot, à la première récidive, de mouchard, et si vous protestiez, c'est qu'évidemment vous étiez le dernier des maquereaux. De la parole aux gnons, il n'y avait plus qu'une nuance, qu'il oubliait facilement. Au demeurant, le meilleur des camarades; toujours le cœur sur la main et la main dans la poche.

Il couvait une rogne aiguë :

— Conçois-tu l'aplomb de cet idiot de Baslyn qui m'écrit ce matin de l'accompagner à Ivry.

— Et dans quel but?

— Pour y conduire son dernier. Cette brute-là me prend pour un pitre, à la fin! Voilà la seconde femme et le cinquième môme! On crève chez lui comme à la Pitié. Aussi ce que nous l'avons saboulé, Paton et moi, avec ses pompes funèbres...

— Paton en était?

— Baslyn qui ne comptait pas trop sur moi, l'avait prévenu, histoire de ne pas s'embêter tout seul derrière le macchabée. On devait ensuite déjeuner chez le père Leblanc, place Saint-Michel, si ce Paton, qui est bien le dernier des crétins, n'avait pas fait des siennes.

— Il sort d'ici.

— Bah!

— A l'instant même.

— Tu as vu quelle tête ignoble?

— Un souvenir de la Santé.

— Tais-toi, une vieille gomme, oui!... Comment ne l'a-t-on pas bloqué? Cet animal-là doit être bien avec quelque mouchard. Voici l'aventure : Nous nous rencontrons chez Baslyn au moment où le charroi de viande s'ébranlait. Paton aborde sa marotte : « Stupide le respect de la matière inerte, les processions derrière une charogne, etc. » Moi,

j'appuie sur la chanterelle : « Dorénavant tu peux continuer à assassiner les tiens, nous ne nous dérangerons plus ». Baslyn rageait. Comme il faisait chaud, à la barrière, il propose de prendre un verre pour oublier. On trinque avec les porteurs, qui repartent sans nous prévenir. Impossible de les rejoindre, dans le va-et-vient des convois. Au champ de navets, les employés comblaient la fosse au fur et à mesure des arrivages.

« — Ça va faire de la peine à ma femme, de ne pas connaître l'endroit exact, gémit cet idiot de Baslyn.

« — Ta femme est une dinde, lui crie Paton, allons en manger une autre chez le père Leblanc, j'ai une faim ! »

Nous montons en omnibus. Les voyageurs s'esclaffent à sa vue ; lui s'indigne, traite de gabion un officier d'artillerie et envoie un coup de tête au contrôleur qui veut le déménager. Les femmes chialent, ont des crises de nerfs. Ce salaud de Paton a une imprécation idéale :

« — C'est un convoi de bestiaux ! »

Alors, un chabanais des cinq cent mille diables :

« — Insolent ! polisson ! monstre !

« — Je dédaigne le jupon ! » répond-il à une jolie femme qui lui reproche son inconvenance.

L'omnibus s'arrête, on emmène Paton chez le commissaire, auprès duquel nous protestons. On nous flanque dehors, mais on conserve le potard. Et tu m'apprends qu'il sort d'ici. Il aura commis des bassesses...

— Je suis même étonné que vous ne vous soyez pas rencontrés dans l'escalier.

— Le monsieur ne t'a rien conté; alors, vois-tu, pas d'erreur, il a honteux d'en être quitte à si peu de frais. Maintenant, désires-tu quelque chose? Je suis entièrement à ta disposition.

— J'ai besoin d'un camarade discret pour remplir une mission d'une nature tout intime.

— Parle.

— Sache quelle est la personne qui demeure 142, rue Monceau. Si elle est mariée ou veuve, blonde ou brune, si son âge est décent.

— Une intrigue?

— Oui.

— Compte sur moi. Tu as prudemment agi en ne te confiant pas à Paton, cet oiseau-là aurait tout gâté. Voici des copains, je me sauve.

Mougin, l'ancien secrétaire de rédaction de l'*Attaque*, et Paillette entraient.

— Tu as un air tout chose. Quoi, ça ne va pas? dit ce dernier à Gegout.

— Une mélancolie bleue...

— Alors *elle* est blonde. O divine harmonie des sentiments et des couleurs!

— Lit d'azur aux *paillettes* d'or! soupira Mougin qui cultivait parfois la calembredaine.

— J'ai dit bleue, comme j'eusse pu dire rose, fit remarquer le mélancolieux.

— Sublime indifférence d'un enfant de la Nature! reprit le poète. As-tu faim de sa chair et grand soif du baiser de ses lèvres pubères? Quelque obstacle imprévu vient-il cloîtrer ton rêve? Un mot : j'entr'ouvrirai la porte aux douces réalités.

Pour la troisième fois, le détenu confia le billet parfumé.

— C'est une délectation d'amour que cette

femme ; tu lui as répondu, je suppose ? reprit Paillette.

— ...Mais sans chaleur.

Le grand-prêtre de l'Amour libre se leva, secoué par l'indignation.

— Tu ne me reverras plus.

— Arrête !

— Peux-tu réparer l'outrage ? En est-il temps encore ? Es-tu prêt à toutes les humiliations ?

— Oui.

— Je vais le mettre à ses pieds.

— Et tu en es seul capable, affirma Mougin.

— Ça fait trois, compta Malato, lorsque le parloir redevint désert. Voudrais-tu fonder une agence de renseignements?

* * *

Le premier visiteur que l'on reçut, le lendemain, fut Paillette. Il avait une mine ravie.

— Eh bien? lui criâmes-nous tous, avec une impatience non déguisée.

— Je m'étais juré de vaincre, répondit le doux barde, et j'ai vaincu. Ce m'est une grande joie.

Nous avions formé cercle autour du poète, qui reprit, en s'adressant au principal intéressé :

— Lorsque le bonheur d'occuper, ne fût-ce qu'un instant, la pensée de la Femme, n'éveille pas en nous des extases, sommes-nous dignes de célestes messages?

— Poursuis, dit l'indigne, je bois déjà du lait.

— Oh! ses chairs d'albâtre et ses coupes jumelles! chanta le troubadour les yeux noyés de visions.

— Voyons! dégringole du Parnasse, fit Gegout impatienté; inutile de me tendre ainsi l'imagination. Qu'elle ait des chairs neigeuses comme les Géorgiennes, dorées comme les Napolitaines ou brunies comme le sac du zouave Niclosse, cela ne m'apprend pas grand'chose. Suspends ta lyre au porte-manteau, comme les filles de Sion aux saules des rivages de l'Euphrate et dis-moi si c'est un bon chopin, tu me feras bougrement plaisir.

— Le cyclope diurne abaissait sa paupière, les coteaux d'Ephraïm bêlaient dans le lointain, des paradis montaient des fientes de gazelles...

Nous fuyions le raseur volontaire. Un geste nous ramena.

— ... quand je hélai la voiture qui devait me conduire rue Monceau. L'hôtel est un nid de colombe. Je demande Mme Jane à la concierge qui me répond qu'elle ne reçoit plus passé cinq heures. J'insiste; il s'agit d'une communication pressante.

— « Mais c'est la troisième depuis le déjeuner et madame ne se possède plus. Vous êtes encore de la bande, probablement? me dit la pipelette avec effroi, filez vite, car j'ai reçu l'ordre de faire appeler la police. »

Je tiens bon : « Il y a méprise. Je n'appartiens à aucune bande. Je viens pour le bonheur de Jane, j'apporte le rameau de paix, je suis pour la concorde, l'amour libre et sans vitriol. Pas de bonheur sans liberté, de plaisir sans variété! »

La bonne femme est ahurie, j'en profite pour lui glisser ma carte sur laquelle j'avais griffonné quelques mots. Elle se sauve et, cinq minutes après, je suis introduit dans un petit salon tendu de peluche vieil or. Cette Jane, qui a été conçue sur un lit de verveines et de roses, et sous la caresse d'un soleil de floréal, était là, pleurant.

— Monsieur, me dit-elle, je vous en supplie, prenez pitié de ma faiblesse et cessez ce scandale, en

renonçant à poursuivre plus longtemps une pauvre femme coupable d'avoir obéi à son cœur. Cet après-midi, un homme à l'aspect hideux qui m'avait odieusement traitée, hier en omnibus, a osé se présenter de la part de votre ami, de celui que je croyais être aussi le mien. Je me suis enfuie à sa vue, et pendant une demi-heure, j'ai entendu le bruit d'une lutte terrible avec mes domestiques. Après lui, il en est venu un autre, celui-là a insulté la concierge, ameuté tout le quartier par ses vociférations. J'ai refusé de le recevoir. Il écumait, en traitant ma maison de boîte à puces!

— Es-tu assez complet? dis, ajouta Paillette, en regardant fixement son mandant. Pauvre ange! tomber en de pareilles mains!

« Je l'ai calmée, poursuivit-il, en lui peignant tes lourds soucis, ton isolement, tes souffrances morales, tes défaillances physiques causées par la réclusion, les âpretés de ton caractère qui en résultent. Ai-je été canaille ! mais il me fallait obtenir ton pardon. Elle déchira la lettre brutale que tu lui avais écrite et me dit :

« — Rapportez à votre ami dont le cœur a perdu tout souvenir, que je l'ai connu autrefois, alors que j'étais une jeune fille très crédule et très étourdie, que je n'ai d'autre désir, aujourd'hui, que de relire avec lui les feuillets de notre vingtième année et de sourire de ce qui me fut longtemps une amertume. »

— Serait-ce une amertume *cuissante*, ô don Juan ? objecta Morès à son codétenu.

— Un dernier mot, dit celui-ci à Paillette. Enlève tes lunettes roses et réponds : a-t-elle du chien ?

— Chien et chat ! puis décrochant sa lyre, le poète dont la noble mission était accomplie chanta, sur l'air de la légende de saint Nicolas, cette strophe inspirée par la circonstance et l'éternel souci de son culte :

« Sans permission du clergé
« Et sans le moindre préjugé,
« Tu baiseras, si tu le veux,
« Ses grands et ses petits cheveux ! »

Gegout réclama une carte-télégramme au greffe, y jeta ces deux mots à Jane :

« Venez vite »

et la confia au galant et dévoué ménestrel.

Le dîner s'achevait silencieusement quand l'inconstant épistolier ébranla la table d'un formidable coup de poing.

— Cette brune Jane... ces souvenirs de nos joyeux vingt ans... Je les tiens! Ah! misère de mon cœur! Que de douces cabriolées pourtant! Il faut que je vous les narre, ça me rajeunira.

— Vas-y, Ernest, vas-y, cria-t-on.

Et les verres furent remplis.

— Elle avait juré à son fiancé qu'il serait cocu le jour même de leurs noces, commença l'amoureux historiographe. Elle tint parole, car elle n'était pas femme à faire de vaines promesses. Ce fut moi — dût ma modestie souffrir de cet aveu — qui, le premier, chiffonnai sa robe blanche d'épousée, à la tombée de la nuit; l'aurore suivante, un jeune garde-général paracheva, avec un empressement aussi aimable que consciencieux, le sacrifice de l'honneur conjugal.

« Certes, c'était gentil, à elle, de me donner sa primeur; il est vrai que nous nous estimions depuis belle lurette et que, maintes fois, déjà, j'avais exploré les plis et replis de sa conscience. Si, en cette circonstance, elle m'adjoignit un assesseur, c'est qu'elle désirait faire magnifiquement la chose.

— Alors pourquoi cette vilaine drôlesse se mariait-elle? interrompit Hervagaux, incapable de saisir la touchante et loyale conduite de l'amante.

— Peut-on faire à sa guise, suivre les élans

de son cœur, répartit l'épisodier, lorsque des parents autoritaires et puritains épinglent au foyer familial, le joli petit bonnet de l'adolescence mûre ? D'abord, il est souverainement injuste de traiter de « vilaine » une si glorieuse jeunesse, aux yeux grands et noirs comme des boîtes à cirage, aux lèvres implacablement rouges, aux fossettes gourmandes et impudiques ; assez élancée pour recevoir, debout, les plus vigoureux baisers, assez hanchue pour en rendre à merci :

Bon nombre de bourgeois moralistes eussent troqué bien vite, sous l'édredon, leurs fadasses épouses contre de telles créatures.

De plus, mon amie élevée au couvent des Dames Dominicaines, avait l'esprit aussi cultivé que le reste. Une débâcle financière, qui atteignit sa famille, la jeta en holocauste dans les bras d'un instinctif, un nobliculc fort riche, inimaginablement sot et laid. Elle sut accepter l'immolation avec une philosophie fin de siècle. Je plantai la corne initiale sur le talus d'un bois, pendant, qu'attablés, les noceurs s'empiffraient comme des gens peu délicats ; le petit *fagot* compléta la paire durant le sommeil alcoolique du mari.

Quelque temps après, cet intéressant ménage se disloquait, livrant à l'incertain avenir ses éléments épars :

« Ainsi s'en vont, en leurs atours,
« Jeunes comme vieilles amours
« Désassorties ! » (1)

(1) P. Delmet.

Naturellement, nous continuâmes à nous voir et nous croyions nos amours à l'abri de toute vicissitude, lorsqu'un jour, mon oncle, qui avait l'habitude de ne pas y aller par quatre chemins, me dit :

— Ouvre l'œil ! Si cette vie-là se prolonge, de l'avis du docteur, tu seras crevé avant un an.

Nous déjeunions à la table d'hôte de sa pension. Le dessert était servi. C'était l'heure de l'inévitable ritournelle sur la morale. L'air en était si rococo et tant de fois m'avait été seriné que je ne pouvais m'en émouvoir. Je savais que mon oncle, intérieurement, se fichait de la morale comme d'un culot de pipe, mais qu'après manger, il éprouvait l'irrésistible et hygiénique besoin de ronchonner afin d'activer la digestion.

— Que me chantes-tu ? Je ne comprends pas.

Les convives, amis pour la plupart, esquissaient d'incrédules sourires.

Mon antan reprit :

— Ne fais pas l'idiot. N'as-tu pas en ce moment, pour maîtresse, une femme mariée depuis quinze jours à peine, et déjà séparée de son mari, en compagnie de laquelle tu sèches joyeusement les futailles de ton benêt de père qui n'y voit que du feu ? La gaillarde, paraît-il, a du gosier et les reins solides, prends garde ! elle videra aussi facilement les tiens que le cellier paternel.

La cave de mon père l'intéressait peu, mais il ne pouvait me pardonner, le cher homme, m'ayant cru plus malade que fatigué, de s'être fendu d'une douzaine de paniers de vin — du soixante-cinq, hors côte — sablé en parties doubles et carrées aux heures saintes et fatidiques du revenez-y.

— Chacun a quelque chose au cœur, lui ripostai-je. Moi, j'y nourris beaucoup de tendresse, toi tu y conserves obstinément la carotte que j'y ai glissée. Ce n'est pas généreux. Pourquoi, à un âge aussi inoffensif, te montres-tu cruel envers les jolies femmes ?

L'entourage m'était sympathique et plaisantait l'oncle bougon. Seule, à l'extrémité de la table, une dame mûre, inconnue, manifestait un énervement intense qui, vaguement, m'inquiétait. Il me semblait avoir rencontré cette tête-là quelque part. Où ?

— Nous diras-tu enfin le nom de la gourgandine?

C'était l'expression favorite de ce septuagénaire renard, auquel les fruits verts étaient défendus. Jamais elle ne produisit plus dramatique effet.

La dame mûre s'était levée, l'œil injecté, mauvais, la bouche amère, le bras étendu, cataleptique, me désignant.

— C'est ma fille, s'écria-t-elle, et voilà celui qui l'a perdue !

— Aïe ! Ah ! la canaille ! gémit mon oncle, à qui, trop tard, hélas ! j'avais allongé un formidable coup de pied dans les tibias.

Après cette mémorable séance, les événements

me séparèrent de ma robuste maîtresse. Elle voyagea. Moi je me mariai, suivant les conseils de ma famille, persuadée que j'avais jeté suffisamment ma gourme.

Comprenez-vous que j'éprouve quelque impatience à revoir cette jolie Folie dont j'ai fait tinter, tant de fois, les grelots?

— Et à recommencer l'exploration des plis et des replis de sa conscience? n'est-ce pas, dit Zévaco.

— Non, l'âge calme les explorateurs et les voyages élargissent les consciences.

— Surtout les voyages à Cythère, appuya Malato, *fugit irreparabile tempus!*

Munie de l'autorisation préfectorale, Jane était introduite le lendemain au parloir.

La mâtine ! comme elle bravait gaillardement les dix-huit années fondues depuis les galipêtes à l'orée du grand bois.

Sous l'œil inexorable du surveillant, et bien que le rigorisme pénitentiaire eût mis au ventre du détenu d'énormes appétits, ils ne purent s'embrasser qu'en bons camarades.

Après de longues et joyeuses expansions :

— As-tu de la famille ? lui demanda le prisonnier.

— Un fils.

— Je comprends... l'amertume en question ?

— Si tu savais combien sa venue m'a rendue perplexe. Songe donc qu'il est arrivé neuf mois, jour pour jour, après... Etait-ce le tien ? le sien ? le vôtre ?

— Oh ! je n'en revendique pas la propriété ; je suis pour la désindividualisation des produits.

— Dans le doute, je lui ai donné ton prénom.

— Merci de la préférence ; elle est flatteuse. Ta situation ?

— Plus que confortable. Mon mari en mourant m'a laissé ses biens.

— Ses bois... veux-tu dire ? Et que feras-tu du rejeton ?

— Voilà, j'ai voulu te consulter, tu es si désintéressé !

— Est-ce une intelligence ?

— Pas très ouverte, pas très fermée, broussailleuse.

— Plus d'incertitude. Il est bien le descendant

de l'homme des bois, du garde général. Est-ce un tempérament?

— Non, par exemple; un vrai cul de plomb!

— Alors fais-en un conseiller de cour d'appel, on ne sait pas ce qui peut encore m'arriver, conclut l'humaniste.

IX

Le quatorze juillet.

Niclosse qui se levait toujours dè le chant du coq, fit, ce matin-là, une *ronde major* aussitôt que le garde eut ouvert les portes de nos cellules.

La ronde major trouvait généralement toute la troupe, non sous les armes, mais sous les draps. Elle avait pour but la surveillance et l'entretien de la place d'armes de chacun.

Prévoyant, comme peut l'être un vieux lascar, Niclosse ayant sous les bras deux flacons pansus, — hommage précieux qui lui avait été apporté la veille par un copain de la gérance, — s'était muni du traditionnel quart en fer-blanc, mesure régimentaire, témoin de ses plus glorieuses libations.

Un feu roulant et nourri salua son arrivée :

— Tiens, voilà la fête qui commence, s'écria Malato, le sous-préfet tire le canon !

Niclosse, aguerri au feu, s'approcha de l'ex-administrateur :

— Si l'on tonne ainsi à votre enterrement, il y aura plus de cochons que de becs fins. Voici, ajouta-t-il, qui va nettoyer la batterie et rectifier le tir.

Il tendit une pleine rasade de rhum à son co-détenu, rationna Malato, puis dévala dans l'escalier et s'arrêta à chaque étage pour s'assurer de l'état hygiénique des chambrées.

On avait peine à croire que ce fût jour de fête nationale. L'enthousiasme d'antan à pareille date, était, en effet, descendu à quarante-cinq degrés au-dessous de zéro, au thermomètre populaire, ce dont nous nous montrions peu surpris. Nous eussions trouvé le peuple fort naïf de perpétuer son rôle de comparse dans une fête toute gouvernementale. Les jeux du cirque ne sont bien goûtés que lorsqu'on a le ventre plein, non seulement de bricheton, mais aussi de bonne bidoche. Or, Populo avait la peau de bique plus vide que le crâne d'un conseiller d'État. Puis cette prise de la Bastille dont on commémorait officiellement le souvenir, qu'est-ce qu'elle lui rappelait? sinon que ses pères en avaient fait inutilement les frais, — à la façon de Raton. — Il n'admirait plus, mais plus du tout, ces « trinquages » pour la plus grande joie et le plus clair profit des dirigeants. Donc nul emballement dans l'air. Un ennui monstre ensilençait la ville; une lassitude générale suintait de tous et de partout. De-ci, de-là, quelques lambeaux tricolores se gondolant sous la brise matinale au faîte des monuments publics. Ah les fiers drapeaux claquant au vent, du romantique réfractaire Vallès!... n-i, ni, fini, et bien fini !

Jenny l'ouvrière et Jean Trime-dur laissaient les fenêtres de leurs mansardes vierges de tous artifices nationaux. Quand le chômage vous met à plat-cul sans boulot, et que l'on a un dentier à broyer du silex, on ne dépense pas sa maigre galette pour décorer la lucarne du galetas.

Le quartier du Jardin-des-Plantes, comme ceux de Belleville, du Père-Lachaise, de la Glacière et de Montsouris, que nous avions sous les yeux, faisaient la sourde oreille à la note patriotique que gémissaient lamentablement les quartiers embourgeoisés du centre.

Du sommet de la colonne de Juillet une grande diablesse d'oriflamme se balançait en chasse-mouche au-dessus des glorieux squelettes de mil huit cent trente. Sans souci du décorum, le génie de la Liberté, drapé dans un rayon de soleil, montrait plus que jamais son indécence dorée aux petits galapiats en apprentissage de badauderie. Sur les colonnes du Trône, parées, elles surtout, par les soins du garde-meuble, Philippe-Auguste et Saint-Louis, songeant à Bouvines et au Saint-Sépulcre, faisaient des mines de brigands d'almanach devant cet enthousiasme de commande.

Plus près de nous, dans la cour de l'hôpital, seule, la maisonnette des bains réservés aux femmes, adossée au lugubre bâtiment, s'ornementait de guirlandes de feuillages, de festons en papier tricolore, d'une demi-douzaine de lanternes vénitiennes et d'autant de petits godets en fer battu abondamment pourvus de suif, peut-être bien d'huile, — un restant de saintes huiles figées depuis la laïcisation des hospices — premiers symptômes des inévitables illuminations. Sûrement ce n'était pas l'administration de la Pitié qui payait les frais de cette mise en scène, mais bien son employée, la baigneuse, splendide incarnée, dont les seins, marbre, satin et roc velouté carillonnants sous la camisole blanche, résolvaient à nos yeux, ainsi que l'a chanté Maurice Donnay, ce grand problème de la douceur dans la fermeté : dualité rare et suprême. La brave femme trouvait ainsi le moyen de se débarrasser de ses gosses durant un long jour férié en les initiant aux patriotiques devoirs, — plaisir maternel que l'on ne saurait payer trop cher par ce temps de décomposition familiale.

Par contre, la direction de Pélagie n'avait pas lésiné, elle s'était fendue à fond. Le directeur, homme décoratif et décoré, avait tenu à ce que sa maison le fût également. Fonctionnaire provincial transplanté de Rouen — pardonne, ô Flaubert ! — à Paris, il voulait ainsi afficher sa reconnaissance envers le pouvoir protecteur et pourvoyeur, démontrer au public que dans le service des prisons il n'y a pas que des pignoufs, et que quarante ans de services verrouillés ne sauraient faire oublier les prescriptions civiques du catéchiseur Compayré.

De véritables nuées d'ouvriers terrassiers, plombiers et gaziers s'étaient livrés, deux jours durant, à de gigantesques et périlleux travaux. D'abord les terrassiers venant de la rue de la Pitié par de profondes tranchées avaient, dès leur débouché dans la rue du Puits-de-l'Ermite, tracé des parallèles à la base du pavillon des Princes. Ils travaillaient lentement, très lentement, en gens qui connaissent la valeur du temps et la générosité du capital. Nous nous étions demandé qu'elle pouvait être la raison de ces travaux.

Zevaco avait opiné pour la création d'un nouveau réseau d'égout qui faciliterait le passage « d'une grosse légume » dans les gras courants ministériels : fine allusion au départ souhaité du tyran local.

Morès, hochant la tête, s'était prononcé autrement. A son avis, le Vauban de la place Beauveau cherchait à garantir ses captifs contre la prochaine crise séculaire du peuple.

Nous eûmes le mot de l'énigme lorsque les plombiers et les gaziers arrivèrent avec de lourds canaux en fonte, de petites conduites en plomb, des réchauds et des fers à souder. Il s'agissait de parer d'une ceinture de gaz la nudité de Pélagie dont les beautés avaient tout à envier à celles de sa sainte patronne.

Des rassemblements se formaient déjà aux coins des rues. Sur le seuil de sa porte, le marchand de vin Hulster, bedaine au vent, mains en poches, expliquait avec force détails aux curieux chopinant sur la petite terrasse de son débit, le pourquoi du remue-ménage insolite. Et Hulster jubilait dans ses explications. Pensez donc : il était de l'Alsace — cette enfant perdue de la France — et tenait à prouver à ses clients que malgré les Allemands il était toujours resté Français. Le 14 juillet lui rappelait le 15 août et réveillait en lui tous les enthousiasmes sacro-saints. Aussi, en avance sur les gens de son quartier, avait-il déjà planté, à chacune des fenêtres de son entresol, le drapeau de la patrie adoptive. Et quels drapeaux ! pas de la roupie, ni de la camelotte, non, alors !... de la belle et bonne marchandise à quatre-vingt-quinze centimes le mètre qu'il avait frangée d'or. Si M. Paul Déroulède avait pu passer par là, quelle joie, quel orgueil pour la maison ! mais M. Paul Déroulède était sans doute occupé ailleurs. On ne le vit pas...

Rien ne donne aussi soif que le patriotisme, paraît-il. Les clients pour tuer le ver vidaient le leur avec un emballement qui projetait des sérénités sur la face épanouie du chand'vin, lui faisait oublier « le deuil des siens, les malheurs de la France » lesquels, autrefois, avaient « sur son front, placé le ruban noir. »

Une voix chevrotante, soutenue par les pizzicati d'une guitare à mi-éventrée, lançait la romance d'occasion dont chaque soiffeur hurlait le refrain :

« Que la Frince entière
« Rayonne en mon verre.
« Versez, amis, versez les trois couleurs ! »

— Boum ! voilà, bourgeois ! Et le garçon de salle débouchait le sauterne, le beaujolais et le petit bleu de Suresne.

La massive bedaine d'Hulster se gonflait d'allégresse.

Cette union des cœurs et des verres, trinquant sous la poussée d'aussi nobles sentiments, réveillaient nos vieilles émotions.

— Fermez la fenêtre, j'en ai assez de cette dégueulasse sentimentale, cria Malato, au mélomane Caillava qui accompagnait à la cantonade.

* * *

Juliette et Bertha ne nous montrèrent leurs jolis minois de la journée. Pour ces infatigables travailleuses, journellement attelées au labeur, de l'aube la plus matinale à la nuit tombée, c'était vraiment jour de fête qu'un jour de repos. Aussi savaient-elles employer les heures libres, non pas en ballades flânochantes le long des grands boulevards, comme tant de croquants qu'y attirent de banales curiosités, mais en promenades sylvestres dans les recoins les plus charmants et par conséquent les moins courus de la banlieue. Le lendemain de ces gambades familiales qui leur fouettaient le sang, alourdi par une semaine de travail forcé, nous les revoyions avec des gerbes de roses sur les joues et des provisions de gaieté dans les yeux.

Vers les dix heures, à la garde montante, les pandores parisiens qui veillaient sur nous avec une hargneuse sollicitude, furent relevés de leur consigne et remplacés par de modestes tourlourous. La grande revue de Longchamps appelait, sous les yeux de la Patrie aux aguets, les plus beaux de ses hommes.

Or, quoi de plus majestueux que des municipaux à cheval, même à pied avec leurs sacs !

Dumanet nous était plus sympathique. Il n'affectait pas cette allure de garde-chiourme avec laquelle se pavanaient les mélétaires de la caserne Lobau. Nous préférions ses godillots salubres et bons enfants aux bottes sonores, miroitantes et quintessenciées des guerriers civiques. De la consigne, il n'en prenait qu'à sa guise, et son regard franc et gouailleur semblait nous dire :

— Eh! là-haut... la pas mèche d' s'enfiler l' troc?

Zevaco fut le seul jour. Il reçut la visite plus fameux compatrio- Tourtini.

coterie, y a donc un' chopotte chez inoublié, en ce de l'un de ses tes, le docteur

Stéphane Tourtini, bien que disciple d'Hippocrate, ne pouvait se guérir d'une terrible maladie dont les attaques coïncidaient toujours avec le retour des crises du suffrage universel. La candidatomanie le torturait. Aux élections législatives de 1889, l'accès avait été aigu. Tourtini, secoué, ballotté, enfiévré, était resté étendu, sans ressort et sans voix, à l'ombre des urnes électorales.

Le récit de ses dernières luttes vaillantes, mais malheureuses, vaut la peine d'être fait. Ouvrons donc une parenthèse.

* *

Tous les jours, cinq heures sonnant, Tourtini remettait ses lunettes bleues dans leur étui, enlevait son calot de velours noir, retirait ses pantoufles roses et clamait:

« — Qu'on appôte li bottes, la câne et lé sàpeau du dottôre Tourtini. Lé souffrazé ouniversel il est bien malado. Zé m'en vais tâter lé pouls des ellettores! Povero popolo! »

Puis Tourtini, enfoui dans un complet à la Gavarni, fermait la porte de son cabinet de consultation (de 8 heures du matin à 5 heures du soir, jours fériés ou non) et descendait dans la rue des Pyrénées.

Depuis des années et des années, le docteur faisait journellement sa petite tournée humanitaire, attendant l'heure propice pour tenter le coup suprême, faire avaler à ses clients l'énergique médication : sa candidature.

C'est que Tourtini est enfant de la Corse, hé ! qu'avant de venir à Paris, il a passé par Marseille où, même il s'est arrêté au « consell' mounicipâlé ! »

Depuis neuf ans Tourtini soignait à l'œil les électeurs de sa circonscription, et affirmait qu'il avait cent soixante-quinze francs « de bon âzent prêté » qui couraient les rues.

« — Eh ! mio caro ! jurait-il, li candidatoures né s'improuvisent pas. Elles né tombent pas comme des cailles rôties dédans lé bec des citteyens. Mes concourrents s'en apercévéront bientôt ! »

Tourtini racontait ainsi chaque jour de la semaine, son espérance intime à chacun des neuf cent soixante-quinze électeurs influents qui composaient son comité provisoire (ils n'étaient que neuf, assure-t-on) et, quand sur le coup de sept heures, il rentrait chez lui, il y apportait toujours la conviction de la défaite prochaine de ses rivaux.

Le dimanche, il s'adressait à son comité, en bloc, écoutait le résumé de la situation, distribuait quelques avis, et beaucoup d'encouragements.

Pour cette imposante cérémonie, il sortait toutes

les magnificences de sa garde-robe, parmi lesquelles une immense redingote aux poches profondes comme des puits artésiens et flottant jusque sur ses talons : la redingote d'Iéna et d'Austerlitz. Tous les Corses sont cousins, même avec l'Empereur, et ils en portent respectueusement les reliques !

Tourtini affectionnait ce genre de vêtement ; de funestes pressentiments lui faisaient prendre les vestes en grippe. Dans chaque poche il entassait des corbeilles de brioches.

« — Zé les aurais meillouré mâzé, roue dé la Louné, disait-il en soupirant, mais zé tiens à fare gagner li zenss dé mon quâtié. »

En chemin, il éventait sa circonscription, faisait tourner les moulins à café, renversait cheminées et passants à coups de chapeau et distribuait dignement ses largesses aux petits marmousets et culs-foireux. Parfois, il leur glissait un sou dans la main.

« — Picciolino, tou né diras pas qué c'est lé dottore Tourtini qui té l'a dôné ! »

La séance ouverte, Tourtini discourait :

« — Mio caro popolo !

« Zé souis né dédans li plis dou drapeau rouzé, zé vis dédans li plis dou drapeau rouzé, zé veux morir dédans li plis dou drapeau rouzé !

« Popolo ! tou as trois énémis : (c'étaient bien entendu ses trois concurrents). Lé primiéro, il s'est nayé dédans un baquet dé boulanzé... Psitt !

« Lé sécondo, déjà oune fois dépouté ! C'est lé

candidat perpétouel, dites ! Ouné fief, alors ? ouné héritazé ? ouné vocazioné ? Lé travail manouel loui répougné donc ?... Psitt !

« Finalementé, ouné meschino malfattoré ! ouné canaglia soulographia di polonia ! Psitt ! »

A chaque psitt ! la main de Tourtini tranchait le vide, semblable à la lame d'un yatagan. Le comité des neuf ressentait des frissons.

« Eléttores !

« Lé dottore Tourtini, solé, séra continouellémenté au prémiéro rang per combattéré !

« Oui, zé souis prêt à verzer touto mon zang di cuoré per faré radiar il solé d'ell' Avvéniré ! »

Dans son emballement, Tourtini croyait vraiment que c'était arrivé, le comité aussi. Le dialecte corse a de si convaincantes beautés !

Pendant que Tourtini se mouchait pour déboucher son cerveau, un ancien premier prix de géographie, qui l'accompagnait parfois, prenait le crachoir avec un enthousiasme de mauvais aloi :

« — Oui, citoyens, goguenardait-il, mais en très pur français, demandez, du golfe de Sagone au golfe de Porto-Vecchio, de Valiaco à San-Martino di Lota ; demandez aux soixante-deux cantons et aux trois cent soixante-quatre communes de la Corse ; à l'écho de ses cavernes et de ses monts, aux pêcheurs de thons et de corail, aux fabricants de macaroni et de gourdes à l'usage des habitants, au service sanitaire, à la direction des sémaphores, aux mineurs d'antimoine, aux producteurs de cédrats, demandez à Cotti-Chiavari, Guarguale, Santa-

Lucia di Mercurio, à cent autres villes qui se disputent l'honneur d'avoir vu naître notre illustre ami, demandez... »

Tourtini, alors reprenait :

« — Cé qué fourent li Tourtini di Serra di Scapamenté ? Eh ! tout lé monde vous dira qu'en 1275, li Tourtini coulboutèrent li Génois dédans la mar. Nostre aïolé, Sanguinetti-Pétronillo Tourtini fout cépendant emméné sour leurs galères et croucifié scélératémenté sour la piazzia di Génova, Ah ! povero padré ! quell' affaré !... Il nous cria avanti di moriré, à nous li Tourtini dell' Avvéniré :

En avanti li Tourtini per l'émancipationé dou popolo, et per la libertà ! »

« Auziord'houi, dessour son cadavéro, zé lé zoiré : si zé souis dépouté, zé faré triompharé la Révolouzione socialé, où zé mé plonzérai oun pouniard dans lé cuoré et zé lé rémouérai dédans !... »

C'est dur à croire ; certaines gens l'applaudissaient, deux ou trois même, votèrent pour lui. Tourtini a si bonne tête, sa bouill'baize est si goûtée et son vin de Cuttoli-Cortichiatto a tant de renommée !

Tel était notre visiteur.

* * *

Nous défilâmes tous devant lui.

Debout, au milieu du parloir, le chapeau incliné sur l'oreille, le parapluie sous le bras, le pied droit en avant, la main gauche enfouie sous le plastron

de sa redingote, il semblait plus napoléonien encore que l'exilé de Sainte-Hélène.

Il souriait, ce dieu de l'éloquence électorale, et son sourire creusait un insondable abîme entre ses deux oreilles dévoilant, ainsi, des richesses ivoirines capables de faire rêver un troupeau d'éléphants et toute une tribu d'antropophages.

Il nous serra les mains et nous parla longtemps, bien longtemps, chercha à réconforter notre foi civique en nous citant Thraséas, Socrate, Cicéron, et un tas d'autres héros classiques, restés impassibles dans la débine. Franchissant plusieurs siècles, il entreprit le récit des infortunes d'Etienne Marcel, de Danton, de Saint-Just, de Blanqui, du toujours cher et regretté général Eudes.

Nous ne l'écoutions plus que vaguement, envahis par la somnolence.

La voix de Tourtini chevrota, se fit angoissée, roula des sanglots semblables à un torrent de cailloux sur un lit d'écailles d'huîtres, lorsqu'il raconta l'affreuse scène du Père Lachaise, au cours de laquelle Rouillon Émile, ce gendarme du quatrième État à venir, succomba sous les coups d'un misérable! Oh! cette scène sanglante, à jamais mémorable, où lui, Tourtini, demeuré impavide dans la lutte fratricide des blanquistes sur la tombe de leur vénéré maître et martyr, chercha à rallier les tronçons d'une vaillante troupe sous une direction aussi habile que désintéressée : la sienne. Les tronçons n'avaient voulu rien savoir et s'étaient cognés avec un tel brio que Rouillon, dont la tête fut prise pour enclume, restait sur le carreau et expirait six semaines après.

Tourtini, dans la bagarre, laissait aux mains des frères ennemis, les pans de sa redingote la plus fameuse et remportait une veste de plus.

Il détailla un stock de lamentations sur les crises intestines qui divisaient les armées de la révolution future et sur les égarements des groupes, sous-groupes et fractions unitaires du parti blanquiste, jusqu'à ce que la cloche de l'administration sonnât l'heure des adieux.

— Zé réviendrai encoure, vous appôter dé consoulatiônes! nous dit-il, sous forme d'un au revoir.

— Cette fois, mets-les en bouteilles, lui criâmes-nous.

De plantureuses potées de pois secs, légumes de prédilection pour Malato qui, poétiquement, les surnommait : pois de senteur, composèrent notre dîner.

Chaque fois qu'on nous les servait, nous essayions vainement d'en analyser l'accommodement culinaire. Dans ces engins aromatiques, nous trouvions mêlés : carottes, choux, radis noirs et vieux céleris, aussi bon nombre de rampants et mille variétés de mouches.

Nos estomacs, habitués à de fréquentes précarités de situations, accueillaient sans défaillance ces innommables mixtures.

Au café, Morès nous fit remarquer qu'il était inconcevable qu'aucun de nous n'eût songé à déployer, extérieurement, l'emblème de ses opinions ou de ses sentiments, soit le drapeau rouge pour les uns, soit le noir pour les autres ; quant à lui, il ne se pardonnerait jamais de ne pas s'être muni d'un énorme cochon en baudruche qu'il eût pendu aux barreaux de sa cellule. Voilà qui aurait secoué la torpeur ambiante du quartier et jeté la panique parmi la juiverie.

Les deux compagnons, nés sur la terre lorraine, protestèrent :

— Mais le cochon est un animal bienfaisant pour l'homme ! surtout très apprécié par la femme, dirent-ils. Pourquoi des emblèmes ? L'Idée a-t-elle besoin d'être emmascaradée ? Le drapeau n'est-il pas un vestige de la religiosâtrie, le cousin très proche de l'écu seigneurial, de l'oriflamme des croisades et de la bannière de Notre-Dame de Lourdes ? Blanc, rouge ou noir, laissez-le donc aux magasins des théâtres, aux sacristies, aux mains des autoritaires de tous clans.

Les heures tombèrent insipides et lentes sans amener le moindre entr'acte à notre alourdissante morosité.

Avec la nuit, la grande ville s'alluma. Les gosses de la baigneuse mirent le feu au ventre des lanternes vénitiennes suspendues aux chéneaux et aux étrons suisses en parade sur la fenêtre de leur maman. C'était bien beau !

Soudain, une gerbe étincelante s'élança dans la nue assombrie, tout au fond de l'horizon nord-est ; d'autres la suivirent, éclatèrent et retombèrent en pluie d'étoiles diaprées. Les buttes Chaumont faisaient parler les poudres officielles. Montsouris lui répondit sur-le-champ.

Nous étions pris entre deux feux.

Niclosse déclara qu'il serait préférable que l'on fût entre deux vins. On se rangea à cet avis et l'on courut aux réserves.

D'autres avaient pris les devants, car la rue retentissait de propos et de chants avinés.

Chez Hulster, les couplets patriotiques se succédaient sans interruption. Celui des « *Cuirassiers de Reischoffein* » obtenait un succès monstre. On le redemandait sans cesse et jamais on ne s'en lassait. Comme on gueulait : « Ils sont tombés, vaincus par la mitraille... Et non par ceuss qui fuyaient devant euss ! »

Imitant ces preux, de temps à autre, les fils de l'Alsace fuyaient devant leurs verres et glissaient lourdement sous la table, vaincus par les canons du père Hulster.

Certes, « les corbeaux noirs » ne faisaient pas encore ripaille, comme dans la légendaire chanson, mais les perfides renards couvraient déjà le sol du bistrot...

Les dernières fusées — celles de l'horizon, bien entendu — moururent vers les dix heures. Les bruits lointains s'assourdirent davantage. Les paisibles habitants de notre quartier remisèrent leurs écœurantes trimballées. La rue du Puits-de-l'Ermite, presque abandonnée et muette, ne livra plus ses complaisantes sonorités qu'aux déboires d'un poivrot.

Il éclaboussait le trottoir de sa plainte amère.

— La fin d'un beau jour ! soupira Malato.

— Pas encore, écoute ! lui dit son ami.

Une troupe de jeunes gens en liesse, descendait de la rue Monge en braillant le *Chant des Girondins*.

Nous nous étions étendus nus sur nos lits, car la chaleur torride de la journée, emmagasinée dans la Grande-Sibérie, l'avait transformée en étuve. Énervés, crispés, nous appelions en vain le sommeil bienfaisant, l'oubli.

Malato, dérangé, n'y tint plus.

— Le canon d'alarme, le voilà, godos !

Grimpant à la fenêtre et s'y tournant sens devant derrière, il étala, comme un énorme défi, ses intimes et narquoises carnations.

— Vive l'Empereur! hoqueta le pochard.

Cette nuit-là, Gegout laissa prudemment sa fenêtre ouverte, rapport aux petits pois.

X

Le banquet des Pélagiens.

Quelques jours après le départ d'Hervagaux, passé martyr de la foi et portraicturé dans son journal, un incident qui faillit se dénouer d'une façon tragique, tira les hôtes de Pélagie de leur torpeur matinale.

Gegout, raccommodé avec Juliette, était descendu au *Salon de la Gomme*, pour converser de plus près avec la belle enfant. Le dialogue se bornait habituellement à trois ou quatre paroles de part et d'autre, agrémentées, du côté prison, d'une mimique expressive. Mais, si peu que ce fût, les susceptibilités directoriales s'étaient éveillées, et menace nous avait été faite, si nos *communications avec le dehors* se continuaient, de voir nos fenêtres fermées par des *hottes*.

Le rédacteur de l'*Attaque*, sur qui la continence produisait des effets physiologiques déplorables, se souciait peu du sévère Palin et de ses foudres. Il descendait même, lorsque les afflux de sève l'étouffaient, c'est-à-dire deux ou trois fois la semaine, lui pousser de furieuses ripostes au sujet de l'arbitraire et odieuse mesure prise contre lui et sa compagne puis remontait, sinon soulagé, du moins calmé par cette hygiénique occupation.

Ce matin-là, il était de maussade humeur, car un débiteur indélicat, une sorte de financier rastaquouère comme il en éclôt tant au soleil de midi sur les marches de la Bourse, lui avait proposé, le sachant dans la purée, de transiger en réduisant une créance de quinze cents francs à quatre cents.

Gegout, l'âme noire, la tête enfiévrée par un épouvantable mal de dents, était descendu chez ses amis du troisième et, s'installant à leur fenêtre, avait appelé :

« — Juliette ! » d'une voix qui présageait l'ouragan.

La jeune ouvrière en eut sans doute l'intuition, car elle ne répondit ni ne parut.

« — Juliette ! » répéta-t-il plus fort.

— Je t'en prie, fit Zevaco avec impatience, ne fais pas d'enfantillages, tu vas nous attirer des désagréments.

Le malheureux ! Il n'avait pas achevé que l'orage

crevait et crevait sur sa tête. Ce fut un débordement furieux auquel le jeune Corse répondit bientôt avec la fougue méridionale.

Vainement, les autres prisonniers, accourus à ces vociférations épouvantables, voulurent-ils arrêter cette querelle de tonnerres. Ce fut tout juste si l'on n'en vint pas aux coups, sans que l'un ou l'autre pût précisément savoir pourquoi. Finalement, Gegout se retira dans un majestueux claquement de porte, en déclarant que, de sa vie, il ne remettrait les pieds chez Zevaco et en invitant celui-ci à ne pas s'aventurer vers les hauteurs de la Grande-Sibérie.

La situation était embarrassante et désagréable pour tous ; les deux belligérants, en remâchant les épithètes malsonnantes lancées de part et d'autre, s'acheminaient déjà vers un duel. Un duel à Pélagie, voit-on cela !

En semblable occurrence, c'est aux amis que revient le soin délicat de pousser à l'entr'égorgement et d'en régler les conditions, les deux parties intéressées n'ont plus qu'à se laisser faire.

Mais les autres locataires de l'immeuble : Morès, Caillava, Niclosse, Vallée, Delpierre, Malato, estimaient qu'un semblable dénouement était absurde et que la seule solution acceptable était un grand dîner. Toutefois, il fallait laisser aux ires le temps de se calmer, tout en y aidant par d'habiles paroles détachées sans affectation.

Gegout surtout, dont les longs cheveux avaient été pris à partie, se montrait féroce.

Enfin, une accalmie s'étant produite, Malato s'ingénia, avec la subtilité d'un descendant de Machiavel, à trouver un mode d'accommodement qui sauvegardât l'amour-propre de l'un et de l'autre. Il combinait encore, lorsque la réconciliation s'opéra par le moyen le meilleur et le plus simple : Zevaco entra dans la Grande-Sibérie, dont l'entrée lui avait été si énergiquement interdite, et Gegout lui tendit aussitôt la main.

On ne perdit pas un moment pour faire un café général.

C'était devenu la règle : aussitôt après les

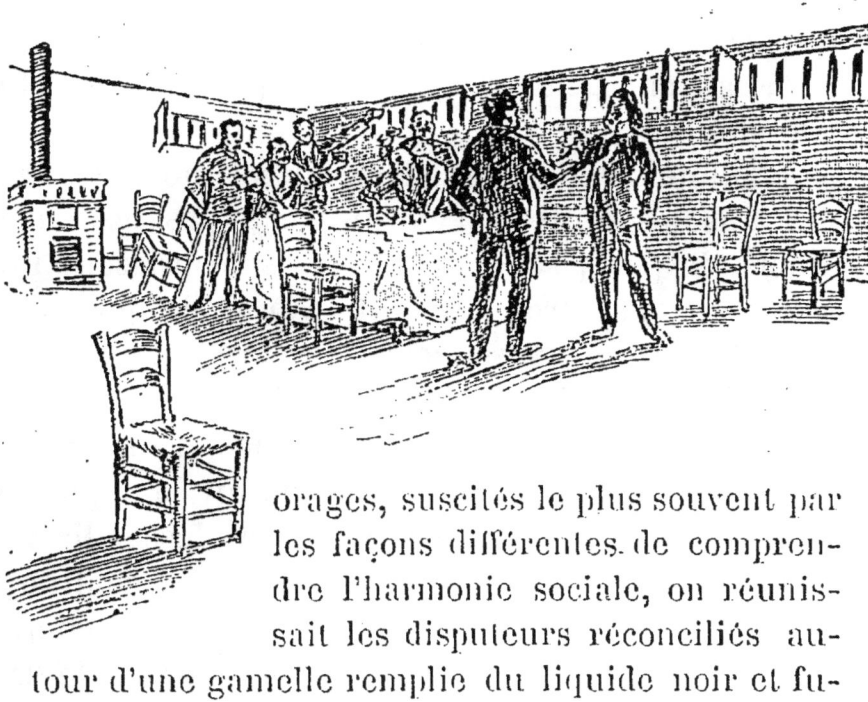

orages, suscités le plus souvent par les façons différentes de comprendre l'harmonie sociale, on réunissait les disputeurs réconciliés autour d'une gamelle remplie du liquide noir et fumant.

La table n'a-t-elle pas toujours été ce qui rassérène les esprits troublés, ce qui unit davantage les amitiés, ce qui apaise les haines ? La communion religieuse n'eut point d'autre origine, et comme l'on ne tend rien moins qu'à remplacer les anciennes religions par de nouvelles, la politique a remis en usage ces habitudes : les banquets ne sont pas autre chose, et le choc des verres est considéré comme un symbole d'alliance.

Par un enchaînement logique, on en vint donc à remettre sur le tapis l'idée d'un repas général qui cimenterait régulièrement l'harmonie des Pélagiens. De fait, on se sustentait un peu isolément. Les Grands Sibériens entre eux, Morès avec Vallée, Zevaco avec Caillava, Niclosse avec Delpierre, et Pélagie, notre bonne petite chatte qui croissait en âge et en appétit, un peu avec tout le monde.

L'administration, qui nous laissait nous visiter les uns les autres, n'encourageait pas les banquets, de peur, sans doute, qu'ils ne prissent un caractère par trop agressif contre le pouvoir. On résolut, en conséquence, de ne pas la mettre dans la confidence du projet. Morès et Zevaco firent ajouter quelques plats et chacun une bouteille de vin sur le menu que devait leur porter Goujon ; Niclosse, Vallée, Caillava descendirent également se procurer du liquide à la cantine ; Gegout et Malato se firent apporter du dehors quelques provisions ; Delpierre se chargea de la cuisine.

Sept heures.

« — Messieurs, le dîner est servi ! »

Et, aussitôt, une trombe humaine se précipite dans le Salon de la Gomme, converti en salle du festin.

Un ragoût fumant, dû à la munificence de Morès, trônait au milieu de la table : il y avait bien trois kilos de viande, soutenue comme un corps d'armée par son artillerie, de quatre livres de pommes de

terre. Quatorze bouteilles de vin rouge et blanc se profilaient en ligne, appuyées à droite et à gauche par du cognac et de la bière. Un pâté de saumon, du poulet et des desserts variés, formaient une imposante réserve.

— Jamais nous n'engloutirons tout cela ! murmura Zevaco qui, nouvel Orgon, se croit atteint de treize maladies classifiées, au nombre desquelles une forte gastrite.

Mais Malato lui répliqua d'un geste indigné :

— Il n'en restera rien.

Et, en effet, rien n'en resta.

Cela nous changeait un peu de l'ordinaire de la

prison. Les cliquetis de verres succédaient aux cliquetis de fourchettes; on buvait pour mieux manger, on mangeait pour mieux boire. Delpierre, unanimement félicité sur son œuvre, se croyait tenu à honneur de ne pas perdre un coup de dent; les verres de Niclosse et de Vallée ne faisaient que se vider et se remplir; Gegout, d'habitude médiocre convive, manqua de s'étouffer en redemandant pour la troisième fois du ragoût, et Malato, la bouche pleine, déclarait :

« — C'est honteux de se dire du parti des meurt-de-faim et de s'empiffrer comme nous le faisons; j'ai des scrupules. »

On refoula ses scrupules avec la moitié du pâté. Puis, le café, le pousse-café et la bière ayant délié les langues, les conversations prirent un développement extraordinaire. Zevaco nous retraça les luttes épiques des Corses contre les Génois et Morès ses chasses émouvantes dans l'Ouest américain.

Il en était à la troisième panthère tuée, lorsqu'une voix vibrante, celle de Gegout, l'interrompit :

« — Tonnerre de Dieu! que ça pue! ouvrez les fenêtres... les deux! Qui donc a débouché son flacon? »

En effet, une odeur que l'homme le plus impassible eût pu qualifier de déplorable, nous montait aux narines.

C'était Pélagie, descendue par son vieil ami, le père Niclosse, qui avait voulu la faire participer au

festin et qui, sous la table, la bourrait de reliefs ;
c'était Pélagie, qui avait mis en action le proverbe :
« Ce qui s'en vient par la flûte, s'en retourne par le

tambour ». Adossée au mur et debout sur ses pattes de derrière, elle s'épuisait en efforts qui eussent paru d'un haut comique si les conséquences avaient senti moins mauvais.

Zevaco, à demi mort, tomba, plutôt qu'il ne bondit, sur une fenêtre, et l'ouvrit d'un geste désespéré. Caillava alla proprement prendre un vieux journal — le « *Combat* », lui souffla Malato — et se disposait à faire disparaître le corps du délit.

« — Pas comme ça ! cria Vallée, vous allez l'étendre encore davantage ; vous ne voyez donc pas que c'est liquide ?

« — Liquide vous-même, répliqua Caillava, piqué dans son amour-propre. Et différemment, comment voulez-vous donc que l'on fasse ?

« — On prend de la cendre et une pelle, fit Vallée d'un ton goguenard.

« — De la cendre ! Pour avoir de la cendre, il faut du feu, et nous n'en avons pas. »

Dans celui de sa riposte, Caillava laissa retomber les matières innomables qu'il avait commencé à recueillir dans le journal.

Très heureusement, Niclosse, quelque peu solidaire des actes de Pélagie, fit place nette en un tour de main.

Et comme Vallée et Caillava grommelaient à l'adresse l'un de l'autre des paroles aigres-douces, Malato, pour faire diversion à une dispute imminente, entonna à pleine voix le *Kyrie des Moines*, non celui qu'on chante à l'église, mais celui que psalmodie Aristide Bruant, en sa taverne du Mirliton :

SOUVENIRS DE PÉLAGIE

Kyrie,
Kyrie,
Dans la chambre de nos abbés,
On se couche,
On se couche,
Sur des matelas bien douillets.
Et nous autres,
Pauvres apôtres,

Pauvres moines,
Tripaillons de moines!
Ah! nom de Dieu!

D' religieux!
Nous nous couchons sur la paille de blé,
Eleison!

Kyrie,
Kyrie,
Dans la chambre de nos abbés,
On ne mange,
On ne mange,
Que des poulets fricassés.
Et nous autres,
Pauvres apôtres,
Pauvres moines,
Tripaillons de moines !
Ah ! nom de Dieu !
D' religieux !
Nous ne mangeons que de la ripopé !
Eleison !

Kyrie,
Kyrie,
Dans la chambre de nos abbés,
On n'embrasse,
On n'embrasse,
Que des femmes de qualité.
Et nous autres,
Pauvres apôtres,
Pauvres moines,
Tripaillons de moines !
Ah ! nom de Dieu !
D' religieux !
Nous n'embrassons que des filles crottées,
Eleison !

Tous les autres répétaient, Caillava faisant le soprano, Gegout la basse, Zevaco le baryton : un cliquetis harmonieux de fourchettes frappant en cadence les bouteilles vides marquait la mesure. Morès accompagnait en tambourinant des doigts sur les vitres, Vallée en entrechoquant l'une contre l'autre deux gamelles en guise de cymbales. Les

vibrations sonores s'échappaient de la chambre par la fenêtre et allaient éveiller les échos du voisinage. Dans la rue, au coin de l'établissement Hulster, un rassemblement s'était formé et, bientôt, nous entendîmes gronder à nos pieds, semblable à la voix du peuple en temps d'émeute, cette clameur formidable :

« E—ê—ê—ê—ê—ê—ê—ê —ê—éleison ! »

Dans la prison, du moins dans la partie attenante au Pavillon des princes, un va-et-vient de pas et de ferrailles attira, à ce moment, notre attention. Zevaco jeta un coup d'œil par la fenêtre dans la petite cour intérieure, la sentinelle était doublée. Caillava entr'ouvrit la porte et, allant à l'escalier, se pencha sur la rampe : en bas, tout en bas, une escouade de gardiens se tenait immobile, l'œil aux aguets et, au premier étage, Patin, accoudé, le front soucieux, regardait vers le lieu du concert, écoutant avec une inquiétude mélangée, cependant, d'intérêt : il était mélomane. En apercevant Caillava, il lui dit d'un ton sévère :

— Messieurs,—notre ami était seul, mais cela ne faisait rien, — vous devriez vous rappeler que les communications avec le dehors, soit par chants soit par écrits ou conversations, sont interdites ; si vous continuez, vous me mettrez dans la nécessité de sévir.

Il ajouta avec un geste que n'eût pas désavoué Francisque Sarcey :

— Chanter des chansons comme le Kyrie lorsqu'il y a des dames dans la maison !

Et, plus bas, comme en aparté : « C'est dommage ! la musique en est pourtant bien jolie. »

A ce moment, neuf heures sonnaient. Le gardien de service monta quatre à quatre nous enfermer et, en réintégrant chacun nos chambres, il nous sembla, — était-ce l'effet des quatorze bouteilles vidées ? — que les murs de la prison répétaient eux-mêmes :

« E — é — é — é — é — é — é — é — é — éleison ! »

XI

Souvenirs d'un Camisard.

es discussions sociologiques n'étaient pas les seules qui alimentassent nos veillées; la plupart des détenus avaient voyagé, mené une vie pleine de péripéties émouvantes. Niclosse entrecoupait ses interminables parties de piquet du récit de ses campagnes africaines. Encore vert à l'âge où la plupart sont moisis, il nous narrait ses duels de régiment, ses combats qu'il se déclarait prêt à continuer si jamais une guerre éclatait entre la France et l'Allemagne, et ses amours nègres, maures, kabyles, espagnoles, italiennes, françaises.

Ce septuagénaire à tête d'apôtre, telle que les sculpteurs du XVIe siècle en taillaient dans les médaillons des stalles abbatiales, était entré trop tard dans la vie des camps pour faire usage du fusil à rouet — un ancêtre à Voltaire — mais il avait dompté l'Algérie avec le fusil à pierre, sous les ordres de Baraguay-d'Hilliers et de Lamoricière. Que de conquêtes ensuite, avec le piston et la tabatière !

Au moment où il avait été mis sous clef, il entretenait les relations à la fois les plus tendres et les plus réalistes avec une charmante femme de vingt-deux ans, — quarante-neuf de moins que lui ! — il se promettait de les reprendre à sa sortie et il était homme à tenir parole.

« — Vieux céladon ! murmurait Gegout, nous irons vous faire cocu. »

Gegout, lui aussi, avait un joli stock d'histoires à raconter.

— Quel fameux guerrier vous avez dû être ! lui disait Morès en souriant, car il connaissait l'esprit de discipline (!) de son codétenu ; si votre compatriote, le duc Godefroy, en avait eu beaucoup comme vous, il aurait bu un sacré bouillon en Terre sainte.

— Faut-il effeuiller mes lauriers? interrogea le lorrain.

— Nous t'écoutons ! clama l'auditoire.

Dans la fumée des pipes et le bruit ferblantin des quarts souvent entrechoqués, Ernest conta son épopée militaire :

⁎ ⁎ ⁎

A seize ans et demi, j'avais déjà le sang très chaud et la tête fort près du bonnet.

L'autorité familiale et la discipline du collège, bien que n'ayant jamais pu enrayer l'essor de ma volonté, commençaient cependant à altérer ma belle humeur et à contrarier mes nerfs.

Ma situation vis-à-vis de ma famille — à laquelle, on le comprend sans peine, je ne prodiguais pas des masses de satisfactions — se tendait de jour en jour.

Un grain menaçait à l'horizon de mon adolescence.

C'est alors que la guerre de 70 éclata. C'était ma délivrance. Ce fut pour les miens une bénédiction ; car, tout comme Jeanne d'Arc, je quittai la terre lorraine envahie pour aller guerroyer.

A ce moment, je l'affirme, je croyais sincèrement faire un excellent soldat. De Nancy à Épinal, je recrutai une centaine de malandrins qui me reconnurent toutes les aptitudes du commandement, grâce au prestige de mon porte-monnaie. Nous constituâmes un corps franc, si franc d'allure, qu'en arrivant au 3ᵉ chasseurs d'Afrique, nous passâmes tous au Conseil de guerre pour oublis *touchants* envers la personne d'un gradé échappé de Sedan. Premier avertissement que la sage Providence m'envoyait. La suite prouvera que je n'en tins nul compte.

Je passe rapidement sur les détails de la campagne : révolte en chemin de fer, lors de notre départ de Constantine pour rejoindre l'armée de la Loire ; on assomme le mécanicien et le chauffeur, le train déraille. Révolte à notre embarquement ; *l'Intrépide* apprête ses batteries. Révolte sur mer ; on projette de flanquer le commandant à l'eau.

Jamais je n'avais assisté à de pareilles noces, et je n'eusse pu y résister longtemps si, pour la seconde fois, la divine Providence n'était intervenue en me gratifiant d'une bronchite aiguë et d'une dysenterie des plus rebelles qui m'envoyèrent à l'hôpital d'Albi. Mais, dès lors, mon caractère était formé.

Un jour, mon père entra dans la grande salle où j'étais en train d'agoniser. Le brave homme courait après son fils depuis trois mois, ne voulant pas qu'il dormît son dernier sommeil ailleurs qu'en Lorraine.

Mal lui en prit. Lorsque muni d'un congé de convalescence, peu avant l'armistice, je partis en civil et franchis avec lui les lignes allemandes, on nous arrêta tous deux. Mon identité et ma grande faiblesse reconnues, l'auteur de mes jours fut collé au mur comme un simple pain à cacheter. L'armistice l'en décolla à temps et soulagea ma conscience filiale.

Telle fut ma première étape militaire. La seconde devait être beaucoup plus longue et non moins brillante.

Je la commençai un an après, au 1er d'artillerie. En moins de neuf mois, je passai maréchal des logis. Je partis ensuite pour Saumur comme élève officier.

Saumur fut le tombeau de mes gloires!

Cavalier intrépide, je me livrai en dehors du manège à toutes sortes d'exploits, qui me valurent l'admiration des belles jeunesses du pays d'Anjou, mais aussi l'acerbe critique de mes supérieurs. Cela froissa ma dignité de vieux guerrier. Je déposai les armes et ne rentrai à l'École que trois semaines après, suivi par la maréchaussée. Je fus cassé et renvoyé à mon régiment, d'où je m'échappai, en entraînant à ma suite tous les hommes de ma pièce. On nous repinça.

A cette époque, j'étais atteint d'une extraordinaire myopie. Impossible de reconnaître la grande porte de la caserne; aussi préférais-je sauter les murs ou rester dehors. Ces procédés, qui ne me semblaient en rien excessifs, me furent pourtant nuisibles. On contraria mes habitudes en me coffrant à tout instant; alors je pris le parti de ne plus rentrer du tout. Mon colonel, que je connaissais fort peu, daigna pourtant se préoccuper de moi et me fit rechercher par quatre hommes et un sergent armés. De l'infanterie! quel affront! Ah!

ce fut un beau combat. A la première sommation du galonné, je mis sabre au clair et fis un si terrifiant moulinet, qu'un quart d'heure après mes adversaires n'en revenaient pas encore, assis à mes côtés chez le premier mannezingue que nous avions rencontré. Nous fraternisions toujours, quand une seconde escouade, envoyée à la rescousse, nous cueillit inhumainement. La première fut désarmée, son sergent cassé, et votre serviteur réintégré dans les cellules du polygone de Bourges.

Après une série de soixante et quatre-vingt-dix jours de prison, mon excellent colonel, jugeant ma santé trop délabrée pour que je pusse résister à la manipulation des obus et des gargousses, rassembla son Conseil de corps, lui soumit ses projets, lesquels furent acceptés d'enthousiasme, et le 1er avril 1875, l'on me dirigea sur la 2e compagnie de discipline, cantonnée à Souk-Ahras, province de Constantine.

Vous l'aviez tous prévu, n'est-ce pas? Ça devait finir ainsi.

*
* *

Le détachement dont je faisais partie et qui de prison en prison étapait la grand'route conduisant au bagne, se composait de soldats de toutes armes : réfractaires, mangeurs de grenouilles bénéficiant d'indulgences, ou d'anciens dégommés, « fortes têtes » qui, comme moi, n'avaient jamais pu commander ni obéir. Les uns n'étaient encore qu'au tiers de leur congé, d'autres à la moitié. Je n'avais plus, moi, qu'un an à tirer, — minimum au-dessous duquel les chefs de corps ne sont plus autorisés à envoyer leurs hommes en villégiature. Mon « *colon* » avait voulu que je couronnasse dignement ma carrière.

Tous, ou presque tous, nous partions avec la rayonnante satisfaction d'avoir fait notre devoir et le suprême dédain des misères à venir. Sur le bateau, durant toute la traversée, on nous avait mis aux fers. — « Dame! avait dit le capitaine, avec des gaillards pareils, signalés au crayon rouge, on ne saurait trop prendre de précautions. » A Bône, un clairon et deux « pieds de banc » nous attendaient revolver au poing.

« — En route! et le premier qui fait des mistouffles, nous lui brûlons la cervelle! »

Voilà qui est franc. Nous nous tenons sur nos gardes, prêts, au moindre geste, à leur faire avaler nos piquets de tente.

Des spahis arabes nous escortent. On double les étapes, on halète sous un soleil mitrailleur, on chante pour oublier les ingratitudes de la mère patrie. Je suis de ceux qui s'en fichent; j'ai les reins durs, l'haleine résistante, le coffre solide et des jarrets d'acier. Au reste, j'en ai vu bien d'autres. Derrière moi se traînent lamentablement de pauvres diables au cœur fort, mais aux muscles détrempés. Ils cahin-cahattent sans geindre sur ce douloureux calvaire. Nos pieds de banc, types de brutes inconscientes, les accusent de mauvais vouloir et leur mettent les poucettes; une corde enroulée à leurs poignets est fixée à la queue des montures arabes. Ils vont ainsi, le cœur saignant sous l'insulte des bourreaux, les pieds meurtris et la rage en tête.

Nous arrivons à Souk-Ahras. Tout le camp est en effervescence; le cadre est crispé. Les nouvelles qui viennent d'arriver d'Alger ne sont rien moins que rassurantes. Les *Camisards* de la 1re, en révolte, ont jeté officiers et sous-officiers dans les silos. Ce sont des tringlots de passage qui ont cassé le morceau. Tous les hommes le savent et l'on redoute ici semblable mésaventure; aussi les mesures préventives sont-elles outrées.

« — Combien en amenez-vous, de ces canailles, sergent?

« — Dix, mon capitaine.

« — Répondez à l'appel, vous autres?

. . . .

« — Maintenant, flanquez-les au silo ; je verrai ensuite. »

Nous nous regardons ahuris. Au silo ! pourquoi ?

« — Sale vache ! »

C'est Cornil, le forgeron du génie, qui hurle ; on l'entraîne. Qu'est-il devenu ? Nul ne le sut jamais.

Nous sommes là, nus comme des vers, près du trou béant. Nous ouvrons la bouche, nous levons les bras, nous écartons les jambes. Ça dure une demi-heure, durant laquelle pleut la fraîcheur du soir. Rien, pas la moindre *cibiche* sous les bras, pas la plus petite *chique* sous la langue. Alors chacun de nous passe une chemise, enfile un pantalon d'alfa, chausse des godillots et plonge dans le silo, une sorte de carafe creusée dans la terre, ayant quatre mètres de profondeur et trois de diamètre à sa base.

Une vingtaine *d'anciens*, couchés en chien de fusil, s'y encastrent les uns dans les autres. Un rayonnement de têtes aux périphéries ; une salade de pieds au centre. Une clameur de grognement nous y reçoit : c'est le salut à la France !

Contre la paroi, un trou à l'haleine fétide, fait

échancrure au cercle humain et permet à la nature en souffrance de se soulager. On le vide au moyen d'une vieille gamelle. Quand le soleil de midi plombe sur le silo, c'est une peste. Tous les deux jours, on nous jette le quart d'un pain de trois livres, avec un biscuit, et chaque matin et chaque soir, on nous descend avec une corde un gobelet d'eau tiède. Les jours se passent dans l'énervante lassitude des haines toujours éveillées, mais impuissantes.

Au camp, les *Camisards* se lèvent à cinq heures, partent au travail : empierrement de routes, écorçage de chêne-liège, travaux de terrassement sur des tracés de voies ferrées, constructions de bordj, etc., se reposent de midi à deux heures, puis se remettent à la tâche jusqu'à sept, rentrent au camp, avalent une maigre gamelle, et roulés dans de haillonneuses couvertures, s'endorment sous les gourbis en torchis qu'ils ont construits eux-mêmes durant les repos dominicaux. Ceux qui travaillent le mieux gagnent hebdomadairement de six à huit sous, qu'ils ne touchent jamais. Leurs armes sont en magasin, les chefs de détachement en ont les clefs. Chaque soir, la garde est prise à tour de rôle, quel que soit le labeur fourni dans la journée ; et malheur à qui franchit la limite du camp.

La faim me harponnait l'estomac, je me suis payé cette fantaisie ; les copains m'avaient fait la courte échelle, afin que je pusse aller me gaver de glands dans la forêt.

Annuellement, sur un effectif de trois à quatre

cents hommes dont se compose une compagnie de discipline, quinze ou vingt désertions ont lieu, causées par les angoisses de la faim. Repris, les malheureux sont mis à la barre, les pieds passés dans des anneaux coulants, les bras rejetés en arrière, maintenus aux mains par les poucettes. Ils rampent pour attraper la pitance qu'on leur jette et grouillent dans leurs excréments. C'est le plus immonde des supplices.

Un jour, nous partîmes, une cinquantaine, pour Sidi-Yussef, poste d'observation au delà de la Medjerda, sur la frontière de la Tunisie. Il s'agissait de dessécher un immense marais et de bâtir un bordj. Les indigènes avaient refusé d'exécuter ces travaux. Les putrides émanations qui se dégageaient de ces lieux engendraient des fièvres redoutables. Enfouis jusqu'à mi-cuisses dans l'eau croupie et la vase, nous sentions à tout instant glisser le long de nos jambes les visqueux anneaux des serpents, les froides carapaces des tortues, le fourmillement de bêtes multiformes et repoussantes. Au bout d'un mois, la moitié des nôtres étaient mourants.

Ma patience s'épuisait. Un soir, en me couchant, j'avais été piqué par un scorpion; mon bras mal soigné enflait à vue d'œil. Pas un médecin au camp. Je partis à l'aventure au pays des Kroumirs, seul, sans argent et sans armes, confiant en cette belle étoile qui jusqu'à ce jour m'avait si bien guidé.

De cette fugue que je payai plus tard de trois

mois de silo et de quinze jours de barre, il m'est resté au cœur la souvenance d'un flirt étrange et délicieux.

Sur le bord d'une petite rivière, un groupe de femmes arabes puisaient de l'eau. Mon bras endolori pendait comme une massue et je ne pouvais que difficilement me désaltérer.

Une des femmes éleva son outre jusqu'à mes lèvres et me fit boire. Moins heureux qu'Eliézer, je n'avais nulle parure à lui offrir, mais je me donnai tout entier. Où est maintenant la si gracieuse et lascive Messaouda qui, matin et soir, loin de la tente du cadi son maître, venait panser la plaie de son ami le *roumi* et repriser les trous de son cœur !...

La magistrature qui, chacun le sait, possède l'esprit de corps et a souci de la dignité professionnelle, ne me pardonna jamais cette appropriation aussi clandestine qu'indélicate, et maintes fois me le fit sentir.

Sorti du silo, je partageais, la nuit, ma couverture avec un brave et naïf garçon, trop naïf, hélas! et, pour ce, la tête de turc des chaouchs. Au travail, cet homme piochait comme quatre; et quand, exténué, il partait une nuit sur deux pour prendre la faction, une peur poignante l'angoissait, la peur du sommeil.

— Tu verras que ça me jouera un sale tour, ne cessait-il de me dire...

C'était inévitable. Surpris par un chaouch de ronde, il reçut, une nuit, en guise d'avertissement et en attendant le conseil de guerre, un coup de crosse de fusil dans la poitrine. Il se coucha sans se plaindre, et le lendemain, quand je le secouai pour lui offrir une gorgée de café, il voyageait depuis longtemps dans le rêve éternel. On nous descendit à Souk-Ahras en cacolet; sa pauvre carcasse d'un côté, la mienne de l'autre, pour servir de contrepoids. Je fus employé à la fabrication des briques, puis à la pose d'une ligne télégraphique allant jusqu'au Kef, puis à l'abatage des chênes. Ce fut dans la forêt de Sidi-Allah que je me battis à la hache, sous les yeux d'un caporal fort complaisant. Mon adversaire eut la tête ouverte et n'en mourut pas. Je redescendis en carafe pour un mois.

— Vous n'avez pas oublié vos humanités, vous? me dit un jour le capitaine; eh bien! vous allez apprendre à lire à mon fils.

Le gosse avait six ans et une éducation des mieux soignées. A ma première observation, il me cracha au nez. Nous étions au premier étage. J'ouvris la fenêtre, saisis l'enfant par le fond de la culotte et allais le laisser choir dans l'éternité sans doute, lorsque, revolver au poing, intervint le papa. Il y eut une séance magnifique. On me démit de mes fonctions pour me remettre à la barre.

Enfin sonna l'heure de la délivrance finale.

Mon père, en me revoyant, pleura de joie comme à mon baptême.

— Maintenant, mon fils, j'espère bien que tu vas rattraper le temps perdu!

J'entrepris le droit administratif et cela me fit aller si de travers qu'en janvier 1880 j'étais, à mon grand ébahissement, nommé sous-préfet et officier d'Académie.

La présidence de M. Grévy, tout comme la Providence, s'était fourré une fois de plus le doigt dans l'œil.

Je ne réussis pas davantage dans l'administration.

— Différemment, il y en a toujours qui tournent mal dans les familles, murmura le sage Caillava.

XII

Chez les Canaques.

De temps en temps, pour accentuer le charme des récits d'outre-mer et comme intermède de haut goût, on dansait le pilou-pilou. Malato, qui de bonne heure était allé méditer Jules Verne chez les Canaques, se faisait l'organisateur de ces concerts exotiques dont il était, d'ailleurs, le principal exécutant. Tout en se balançant d'un mouvement rythmique de plus en plus précipité, il entonnait d'une voix traînante cette mélopée dont nous ne traduisons pas les paroles par égard pour la pudeur de nos lectrices :

Èà, èa, èa, èh !
Moui ca iro !
Ca moui nê tori !
Moui ca ne manghê !
Èà, èa, èh !

Pour être compris par les personnes ignorantes des choses d'Océanie et tentées de prendre ce chant pour une poésie décadente, disons tout de suite que les pilous-pilous sont de grandes solennités dansantes, autrefois accompagnées de festins de chair humaine, — le bifteck n'étant pas encore introduit dans ces régions idylliques. Ces délassements chorégraphiques, rappelant moins encore ceux du Moulin-Rouge que les Lupercales antiques, mettaient en présence toutes les tribus invitées et donnaient lieu à de soudaines amours, terminées le plus souvent par des scènes tragiques ; les paroles que chantait Malato étaient une romance de la tribu de Thio, apprise sur place et conçue dans des termes qui eussent fait bondir feu Joseph si Mme Putiphar s'était avisée de lui roucouler pareille antienne en langue égyptiaque.

Les autres détenus l'accompagnaient, comme pour le *Kyrie*, en cliquetant des couteaux contre les bouteilles. Un soir, le chanteur ayant exprimé le regret qu'on ne fût pas muni de gros bambous creux pour frapper le sol en cadence, Zevaco, saisi d'une idée lumineuse, alla chercher dans un retiro un énorme maillet appartenant à des ouvriers chargés de réparations. Une table lui servit de tambour et bientôt elle se mit à gémir sous des coups précipités : certes, jamais Barra, aux jours épiques de l'an II, ne dut battre plus énergiquement la charge contre les troupes vendéennes.

La dernière strophe se terminait par un cri sauvage de : « Oùh ! » qui, selon les bonnes traditions canaques, eût dû jaillir de toutes les poitrines assez vigoureusement pour être ouï à nombre respectable de kilomètres. Afin de ne pas provoquer les rigueurs administratives, les détenus laissaient Malato s'acquitter seul du hurlement de rigueur et le compagnon qui, en dépit de son anarchisme, avait conservé un fonds classique, se lamentait d'autant plus sur cette violation des règles qu'il était forcé de mettre une sourdine à ses rugissements.

Ces exercices vocaux et gymnastiques amenaient, cela va sans dire, la conversation sur les pays lointains. « Nous y partirons peut-être un jour, disait mélancoliquement Zevaco; qui sait si le gouvernement, de plus en plus inquiet du socialisme révolutionnaire, ne mettra pas à profit la loi sur les récidivistes, afin de se débarrasser de nos personnes? » Et Caillava, quoique bien décidé à ne pas donner lieu pour sa part à une mesure aussi excessive, s'informait, en homme de précaution, si l'on courait encore le risque d'être mangé par les naturels : « Différemment sont-ils si féroces que ça? » demandait-il.

— Féroces! s'exclamait Malato, canaque au fond du cœur, féroces! ils le sont bien moins que nous, Européens, qui sommes allés prendre leurs terres, leurs femmes, bouleverser de fond en comble leur manière de vivre, leur communiquer non nos qualités, mais nos vices, les rendre ivrognes, menteurs, et profondément égoïstes par-dessus le marché.

Autrefois, le Canaque mangeait son ennemi mort, mais il était hospitalier, désintéressé, fidèle à sa parole et, comme l'ouvrière de la chanson, il savait se contenter de peu. Aussi, malgré les guerres incessantes, l'anthropophagie, le manque de culture et d'animaux domestiques, la population était-elle nombreuse; aujourd'hui elle n'atteint pas le tiers de ce qu'elle fut et elle tend à disparaître absolument; dans dix ans, elle n'existera plus. Et cela non seulement en Nouvelle-Calédonie, en Tasmanie, où le dernier autochtone est mort en 1877; en Australie où les aborigènes sont traqués à coups de fusil et refoulés dans les déserts pierreux du centre, mais dans les archipels polynésiens où la population est incontestablement supérieure.

A Taïti, la nouvelle Cythère de Bougainville, la perle de l'Océanie, les habitants qui atteignaient, il y a un siècle, le chiffre de deux cent mille sont, aujourd'hui, réduits à sept mille, bien qu'alimentés par une constante immigration des archipels voisins, et tous pourris, hommes et femmes, car, sous couleur de les *civiliser*, on est allé les *syphiliser*. Et maintenant, même chez les peuplades les plus abruties, le Canaque a le sentiment douloureux d'être une race qui disparaît devant la nôtre. « Quand vous arrivez, me disait l'un d'eux, nous mourons. » Si notre civilisation menteuse avec son industrialisme excessif, ses besoins factices, ses appétits déréglés et son luxe stupide, créateurs de misère, menace notre race blanche, malgré la force de résistance des couches prolétariennes, alimentées dans les grandes villes par l'afflux vigoureux des campagnes, pensez donc quels ravages doit exercer une telle civilisation sur des sauvages qui, lors de notre arrivée, en étaient encore à l'âge de pierre. Et c'est nous qui leur décernons l'épithète de féroces !

Un jour, le *Figaro* publia, dans son supplément illustré, le rapport de M. Ordinaire, de retour de la Nouvelle-Calédonie où le gouvernement l'avait envoyé en mission. Naturellement les conversations s'engagèrent sur cette relation.

— Est-elle exacte ? demanda Zevaco.

— Un compte rendu de fonctionnaire est rarement exact, répondit Malato, mais lorsqu'il concerne une colonie distante de six mille cinq cents lieues, il ne l'est jamais. Le fonctionnaire inspecteur arrive à date connue d'avance dans un milieu qu'il ignore complètement, festoye chez ceux dont il devrait éplucher la conduite, n'entend que les personnes qui peuvent accéder jusqu'à lui et ne voit que ce qu'on veut bien lui montrer. Finalement, il s'en retourne, au bout d'un temps très court, ayant composé son rapport de bribes officielles, ne connaissant rien du pays qu'il est censé avoir inspecté, et persuadé que tout y est pour le mieux. Toutes nos colonies sont des foyers d'intrigues et de tripotages, la Nouvelle-Calédonie peut-être plus qu'aucune autre, et dans ce pays où les classes dirigeantes affectent le plus profond mépris pour les transportés et les sauvages, tenus en quelque sorte en dehors de l'humanité, il se trouve que sauvages et transportés forment encore l'élément le moins corrompu.

— Si vous avez des détails précis, fit Zevaco, il serait intéressant de les publier.

— Cela ne changerait rien à l'état de choses. Si les journaux d'opposition peuvent, dans l'intérêt exclusif de leur politique, signaler de loin en loin un abus colonial, ils le font pour la galerie, sachant bien que leur protestation demeurera platonique, que le public, au fond, s'intéresse peu aux choses des pays lointains et que ces pays continueront à être gouvernés despotiquement par la kyrielle des bureaucrates et des chevaliers d'industrie qui s'y abattent comme sur une proie. Par exemple, on ne s'émeut pas au ministère de la marine que, en vertu d'un marché scandaleux avec l'administration coloniale, tel brasseur d'affaires ait obtenu pour une durée de vingt ans la concession de trois cents forçats qu'il paie à raison de deux sous par jour, nourriture et habillement restant aux frais de l'État. Pensez un peu quelle tuile pour les travailleurs libres !

Ces condamnés, employés à l'extraction du cuivre, à Balade, ont été revendus avec la mine à un autre capitaliste : voilà pour l'esclavage blanc. Quant à l'esclavage noir, bien que nominalement aboli, je l'ai vu fonctionner de très près sous le nom bénin d'immigration. Parfois, à la vérité, l'administration, prise de pudeur, fait semblant d'interdire le trafic, quitte, six mois après, à revenir sur sa décision (1). Voilà comment la chose s'est toujours

(1) L'immigration néo-hébridaise fut suspendue le 30 juin 1883 et rétablie le 26 novembre suivant. Dans ces dernières années elle a été de nouveau interdite... officiellement, c'est-à-dire pour rire. En

passée : une agence établie à Nouméa, sous la direction de deux négociants des plus considérés, frète des navires qui vont dans les archipels voisins, principalement aux Nouvelles-Hébrides, se fournir d'indigènes. Les capitaines sont des lascars qui entendent le métier, et l'on ne tarde pas à voir revenir de belles goélettes, aux ailes blanches, qui débarquent de leurs profondeurs sur la rade nouméenne un chargement de Mallicolos, d'Ambryms ou d'Erromangos. Ces Canaques sont censés volontairement s'engager pour une période de trois ans, afin de gagner à Nouméa une vie qu'ils coulaient très doucement chez eux. En réalité, ce recrutement s'est toujours opéré par la fraude ou la violence. Et comment eût-il pu en être autrement ? Les habitants de ces îles ignorent les langues française et anglaise, de même que le raccoleur ignore leur idiome : ils ne peuvent donc contracter en connaissance de cause. On a, il est vrai, fini par attacher à chacun de ces navires un commissaire du gouvernement, mais celui-ci tout aussi ignorant et, de plus, intéressé dans les opérations, ne sert qu'à légaliser l'arbitraire, jamais à l'enrayer. Payé cinq cents francs par mois et nourri à la table du capitaine, il se garde bien de porter atteinte par ses inopportunes révélations au système dont il vit. D'ailleurs, en Nouvelle-Calédonie, l'esclavage est passé dans les mœurs

outre, depuis l'expédition du Tonkin, on dirige sur la colonie océanienne nombre de transportés asiatiques, arrêtés sous le moindre prétexte.

et le mot « *faire la traite* » est employé couramment. Les malheureux insulaires sont ou achetés à leur chef de tribu quand le capitaine est honnête, ou attirés à bord sous prétexte de trafic, puis saisis, mis aux fers à fond de cale et... voile pour Nouméa! Là, ils sont débarqués, inscrits au bureau de l'immigration et vendus; de mon temps, on pouvait avoir un homme pour cent cinquante francs; une femme jeune et relativement jolie pour deux cent cinquante. Cette somme, versée par l'acheteur entre les mains du commissaire de l'immigration, doit faire retour au Canaque lorsque celui-ci aura terminé ses trois ans, à moins qu'il ne rengage; mais elle ne lui revient jamais ou presque jamais. D'abord, si le recrutement est organisé, le rapatriement ne l'est pas, et l'on ne saurait raisonnablement demander, au Néo-Hébridais de faire une cinquantaine de lieues à la nage pour regagner son pays. En outre, les pauvres immigrants, dépaysés, ignorants, abrutis, ne comprennent rien à la vente dont ils sont l'objet et qui est signée en leur nom par deux témoins. Ils n'ont du reste aucune notion du temps : j'ai vu à Oubatche, des insulaires d'Arama *engagés* depuis dix-neuf années qui attendaient encore l'expiration du contrat triennal. Leur vie chez le patron est toujours un martyre : nourris dérisoirement d'un peu de riz ou de maïs, d'eau claire pour boisson, salariés à dix francs par mois, somme qui est rarement payée ou que le patron peut réduire par les retenues qu'il a le droit d'infliger à son gré, menés à coups de stockwhip (¹), les Néo-Hébridais meurtris, surmenés, affamés, sont, la plupart du temps, contraints de s'enfuir en quête d'un peu de repos et de nourriture qu'ils maraudent. Mais où aller, où se cacher dans cette île étrangère où tout leur est ennemi? Traqués par la police indigène qui touche une prime par tête de capturé, ils sont bientôt repris, battus, garottés, suspendus par les pieds et les mains à une perche et ainsi portés à dos d'hommes chez leur engageur qui les emprisonne, les fouette, retient leur salaire et ajoute à leur temps d'engagement celui qu'ils ont passé dehors. C'est donc miracle qu'un engagé parvienne à retourner chez lui; d'ailleurs, la nostalgie et les épidémies les fauchent épouvantablement. Quand, par un concours de circonstances extraordinaires, l'un d'eux parvient à se faire libérer par son patron, il est bien hasardeux qu'il touche la somme pour laquelle il a travaillé pendant des années. L'exploiteur l'accompagne par devers le commissaire de l'immigration, lequel détient les fonds déposés et, avec ce fonctionnaire, négrier dans l'âme, il est toujours facile de s'entendre; le Canaque est grisé, dupé et, finalement, il abandonne son argent contre quelques litres de tafia, une pièce d'étoffe rouge ou un mauvais fusil rouillé. Un système à peu près semblable se pratique à l'égard des Indiens Malabars, système moins grossier cependant, car ceux-ci

(1) Fouet à bestiaux.

sont d'une race plus intelligente. Habiles, souples, excellents cuisiniers et blanchisseurs, peu faits, par contre, pour les travaux rudes, ils se vengent en incommodant leurs patrons de leurs défauts : ivrognes, voleurs, menteurs, paresseux, serviles sans attachement, leur condition les fait, comme les esclaves antiques, pires que leurs maîtres. »

Un enchaînement naturel d'idées amena alors Morès à parler — ce n'était point la première fois — de l'Inde qu'il avait visitée et parcourue. Tireur de premier ordre, il avait chassé le tigre, et la jungle avait retenti de ses exploits. Très français de sentiment, bien que la vie américaine eût déteint sur son vigoureux caractère, il avait étudié sur place les rouages de l'administration britannique et exprimait avec confiance le désir de voir sous peu la perfide Albion déchue de son rôle de dominatrice universelle. « Ah ! si la France savait comprendre sa mission révolutionnaire, conclut-il, elle pourrait, détruisant l'oligarchie capitaliste qui a son centre à Londres, renouveler la face du monde ! Avec l'appui de la Russie qui couvrira un jour l'Asie centrale de ses innombrables bataillons, elle se relèverait, sous l'impulsion d'un comité de salut public socialiste, par exemple, au premier rang des puissances ! »

Morès, patriote, chrétien et quelque peu romantique, de par sa vie aventureuse, était sincère en prononçant ces paroles. Elles nous rendaient songeurs, nous, qui sentions que cette alliance avec l'autocratie russe, exploitée par les partis réactionnaires, pouvait mener à une effroyable recrudescence d'autoritarisme non seulement en France mais dans l'Europe entière. A nos yeux, les prolétaires de tous pays n'avaient-ils pas mêmes droits et même valeur ? Dans une guerre aussi formidable, qu'avaient-ils à gagner ? Rien, sinon l'oubli de leurs revendications économiques et la perte de leur liberté. « La guerre, disait Malato, la révolution nous l'amènera très vraisemblablement ; du moins, le rôle des socialistes n'est pas de la provoquer, et si cette race slave, jeune, vigoureuse, communiste de mœurs, pleine de promesses pour l'avenir, semble destinée à régénérer, un jour, l'Occident pourri, à cette heure elle est un immense danger, parce qu'elle est encore ignorante et barbare. Force incommensurable, maniée par un seul homme, elle sera peut-être le gendarme de la réaction, debout avec cette autre épave du passé : la Papauté. Or, si les révolutionnaires d'avant-garde luttent contre le présent, c'est pour accoucher l'avenir radieux et non pour retourner au moyen âge. »

XIII

Types étranges.

Ce jour-là, Gegout recevait au parloir deux charmantes amies qui, dans leurs loisirs, s'adonnaient à la peinture.

— Quoi ! exclamaient ces dames, déjà des fils d'argent !

— Hélas !

— Défendez mieux vos cheveux châtains ; nous reviendrons sous peu faire votre portrait ; il serait vraiment regrettable qu'on vous prît pour votre aïeul.

Plus loin, Malato, assis par habitude auprès de la cheminée, bien qu'on entrât en août, s'efforçait de réconcilier Mathilde et Fanny qui avaient failli s'arracher les yeux au cours d'une discussion psychologique ; le compagnon Martin, unissant le doux au fort en qualité de crémier et de vieux révolutionnaire, secondait charitablement ses efforts.

Tout autour, le parloir, au grand complet, vibrant comme un forum, fondait ses bruits et ses couleurs dans une symphonie que Paillette, présent, eût déclaré très harmonique.

Soudain, les deux détenus, plongeant au même moment du regard dans la rue, aperçurent, doublant l'hospice de la Pitié, un pékin d'une trentaine d'années, chevelu comme un saule et barbu avec indécence.

— Tiens ! s'écria le gérant de l'*Attaque*, voilà Q... (cette lettre, la première de son nom, dépeindra suffisamment le personnage), un ancien collabo-raté !

Q..., de son côté, nous avait aperçus. Sans soulever son haut-de-forme, sans même ralentir le pas, il nous jeta un regard d'homme vraiment supérieur et leva un doigt en l'air, du geste dont les despotes orientaux saluent leurs fidèles sujets.

— Quel est cet Olibrius? demanda Malato. Il doit être de descendance mérovingienne.

— Quoi, répondit Gegout, tu ne le reconnais pas? Q..., le fameux Q..., celui qui fait tant de bruit et qui, interrogé naguère par un reporter sur l'état des forces socialistes, déclara avec modestie : « Les socialistes indépendants sont les plus nombreux de tous; ils me reconnaissent comme leur chef ». Tu sais bien, ce poseur bellâtre, raté de tous les partis, qui affiche un souverain mépris des vanités électorales et qui s'arrange toujours de manière à faire poser sa candidature par ses amis.

Gegout n'aimait pas cette sorte de gens, Malato non plus. Ils connaissaient d'expérience ces cabotins de la Révolution, bourgeois dans l'âme qui, sous leurs allures théâtrales, ont le mépris et la haine du prolétaire. Souples, beaux parleurs, ayant parfois la surface de bravoure qui permet, devant les naïfs, de passer pour héros, ils arrivent toujours, portés sur le flot des événements, se raccrochant à toutes les branches, se glissant dans toutes les fissures; l'intrigue est leur élément; ils y réussissent, évinçant les enthousiastes sincères qui se font tuer et les hommes de valeur qui dédaignent la grosse réclame. Une fois arrivés, ils deviennent les pires despotes, les plus féroces des réacteurs. Il y a un siècle, Q... s'appelait Tallien, Féron, Barras; sous la Commune, il paradait en uniforme et, du fond d'un cabinet particulier, adressait aux combattants des proclamations sonores ; il flotte aujourd'hui derrière le boulangisme, le blanquisme, le marxisme, le broussisme, tous les partis d'affamés qui préparent à l'avance l'exploitation de la Révolution sociale ; il pullule, mais quelle que soit la multiplicité de ses incarnations, il est toujours lui-même : avant tout il reste Q...

A peine finissions-nous de nous communiquer ces réflexions, qu'un chant retentit dans l'escalier :

> Je suis le vieux père Lapurge,
> Pharmacien de l'humanité.
> Contre sa bile je m'insurge
> Avec ma fille Égalité.

Nous nous précipitâmes vers le palier :
— Vive le père Lapurge !

C'était bien Constant Marie, le plus joyeux drille du pays normand, frais et rose comme un carré de pommiers en fleurs. Tout à la fois maçon et chansonnier, il maniait avec une égale habileté la rime et la truelle et savait prouver, au besoin, qu'il ne portait pas seulement l'oiseau sur l'épaule, mais qu'il l'avait aussi dans le gosier. De plus, un convaincu ardent, un infatigable propagandiste, muni d'une dose énorme de bon sens et de belle humeur. La coqueluche de Montparnasse à la place Maube.

Ah ! la bonne gueule réjouissante et pure, sculptée à la pioche, avec des petits yeux coquinasses, une mâchoire aussi formidable que celle de Moulin-Quignon, prête à mettre en pâte une fournée de bourgeois.

On ne l'appelait que le Père Lapurge dans tout le populaire de Paris et de la province, du titre de sa chanson favorite, car il en avait créé et mis en vogue un recueil complet, duquel nous citerons : la *Muse rouge*, la *Dynamite*, le *Révolté*, le *Jacques normand*, le *Tocsin*, l'*Affranchie*, si applaudies dans les réunions familiales.

En même temps que lui apparut un beau jeune homme, vêtu d'un élégant costume gris perle, ganté de frais, fleuri de violettes à la boutonnière ; il ressemblait en brun à Alfred de Musset.

— Comment ! dit avec étonnement ce dernier, en allant serrer la main à Malato, vous êtes libres de vos mouvements, assis sur des chaises et bien portants par-dessus le marché ! C'est affreux ! Moi qui m'attendais à trouver des demi-squelettes enchaînés au mur et couchés sur des bottes de paille !

— Le poète Randon, fit Malato, en présentant à Gegout cet original, un amant de la muse, qui n'est ni parnassien, ni décadent, ni symboliste, ni évoquescent, ni évanescent, ni même déliquescent, mais qui côtoie tous ces genres en les dominant de son génie.

— Quelle bonne fortune ! s'écria Gegout... Et je parie que ce monsieur est de Montmartre ?

— Peut-on être d'ailleurs ?

— Comment donc ! interjeta le père Lapurge.

Je suis né à Sainte-Honorine-du-Fay et j'habite le cinquième arrondissement.

— Vous êtes dans votre tort, repartit l'éphèbe dont le regard exprima cependant une douce compassion.

— *Genus irritabile vatum!* murmura Malato qui, connaissant la susceptibilité des poètes et redoutant un conflit de lyres, chercha à détourner la conversation.

Mais Mathilde adorait les sentimentalités en vers; elle s'était glissée près de Randon et, de sa voix la plus caressante :

— Je vous en prie, monsieur, récitez-nous quelque chose... quelque chose de vous.

— De moi! ce serait un peu présomptueux; mais j'ai meilleur régal à vous offrir : je vais vous délecter de l'ultime poésie d'un de mes amis, homme qui devrait avoir sa statue en or massif sur la place de la Concorde, et que son propriétaire impitoyable vient de flanquer dans la rue parce qu'il ne pouvait payer cette chose ridicule qui s'appelle le terme.

Et l'œil fatal, la chevelure rejetée en coup de vent, le geste rond, la voix mourante, le poète commença :

« *Mon âme est un rayon, mon âme a les pieds nus...* »

— Pardon, interrompit Gegout le plus sérieusement du monde, tandis que le père Lapurge levait les yeux au plafond avec une expression indéfinissable, votre âme se lave-t-elle les pieds ?

En dépit de son éthéromanie, Randon avait de l'esprit, et même, ce qui est plus rare, du sens commun. Il haïssait les trivialités de l'existence et se déclarait capable de jeûner pendant trois jours sans que son humeur en souffrît, les réminiscences de Baudelaire remplaçant pour lui le plus succulent bifteck. Mais quand, au milieu de ses envolées, un gouailleur l'interrompait d'un mot froid comme une douche, il faisait face et ripostait avec à propos.

— Mon âme est libre d'avoir des pieds tout comme votre politique est libre d'avoir des cheveux et même de s'en faire, répondit-il en désignant la luxuriante crinière de Gegout, une des plus touffues qui oncques aient circulé de la place Blanche au boulevard Barbès. Vous me cherchez tout simplement une querelle de confrère : les anarchistes ne sont-ils pas les poètes du socialisme ?

— Poètes !... poètes !... grommela Malato, c'est-à-dire qu'on s'obstine à les considérer comme des enthousiastes, sans réflexion, sans tactique, sans objectif déterminé : on se trompe. Certes, ils haussent les épaules devant le lourd pédantisme des docteurs ès sciences sociales, qui prétendent codifier par chapitres et par alinéas, toutes les aspirations de l'humanité. Ils veulent développer par l'initiative, au lieu d'étouffer par la règle, l'individualité de chacun, et croient sage de compter avec l'imprévu ; ils ne proscrivent pas l'enthousiasme, qui est un levier puissant, mais de là à s'aventurer sans boussole et sans carte sur la mer démontée des révolutions, il y a un abîme.

Cependant, les deux visiteuses s'étaient levées. Gegout les reconduisit jusqu'à la porte des adieux et remonta accompagné d'un type étrange.

Qu'on se représente Jésus-Christ — un Jésus-Christ un peu roux — coiffé d'un chapeau mou et vêtu à la mode du XIXe siècle. Il portait sous le bras une pile de volumes brochés, sur la couverture desquels s'étalaient son portrait et son nom, suivis de son adresse (314, rue du Cherche-Midi) et de sa profession « philosophe ». Le qualificatif pourra sembler ambitieux; disons que cet écrivain s'efforçait de le justifier par une grande ardeur de travail et une inépuisable mansuétude.

— Vous ici! fit Randon qui, par aventure, le connaissait quelque peu. Que sont devenus les superbes cheveux qui couvraient vos épaules et la barbe jupitérienne qui vous descendait au creux de l'estomac?

— Ah! c'est toute une histoire, répondit Jésus-Christ avec le plus doux sourire, je ne sais vraiment si je dois vous la dire.

Et comme, par discrétion, nous n'insistions point, l'homme roux, qui eût été bien fâché de garder son histoire, commença sans plus attendre :

— Vous saurez que je suis philosophe et que je veux le bonheur de l'humanité.....

— C'est bien beau de votre part, interrompit Malato, en lui serrant la main avec conviction.

— Je me livre à des études sur le magnétisme, reprit le conteur, je suis d'ailleurs très fort dans toutes les sciences. C'est ce qui m'a valu de passer trois mois à Sainte-Anne et d'y perdre mes cheveux qui mesuraient alors cinquante centimètres.

Un frémissement de l'auditoire accueillit cet exorde émouvant.

— ...Un jour, continua Jésus-Christ, en passant la main dans ses mèches rousses, qui étaient encore d'une belle longueur, j'entendis une voix qui me disait : « Pars, va dans la rue, droit devant toi, et ne t'occupe de rien. » J'obéis et, descendu devant ma maison, je me mis à distribuer mon argent à toutes les personnes qui passaient.

— O admirable désintéressement, digne de l'âge d'or! murmura le poète de la Butte, le regard noyé dans d'extatiques visions.

— Et de ces braves passants, demanda Gegout, aucun n'a refusé?

— Aucun. Ah! ils me comprenaient! Mais arriva un gardien de la paix qui ne me comprit pas : je venais justement d'aviser un enfant et, lui tendant mon trousseau de clefs, je lui disais : « Enfant, tu es trop jeune pour avoir besoin d'argent... »

— On ne sait jamais, interrompit Vallée, qui venait de prendre place parmi les auditeurs.

« — Tu es trop jeune pour avoir besoin d'argent... d'ailleurs, je n'en ai plus, je viens de tout donner, mais tiens, voici plus, prends ce trousseau : les clefs de ma maison. Car tu es l'innocence et à l'innocence on doit se confier. »

C'était sublime ce que je faisais...

— C'était symbolique, fit Randon avec un soupir d'envie, comme s'il regrettait que cette idée ne lui fût pas venue.

— ... Symbolique ou non, c'était sublime. Mais le gardien de la paix, dont j'ai parlé, ne comprit point la sublimité de mon acte. En considérant la longueur de mes cheveux et de ma barbe, en me voyant distribuer ma monnaie, d'abord, mes clefs ensuite, il s'imagina que j'étais fou, vint à moi et, malgré mes protestations, m'entraîna chez le commissaire de police. Celui-ci m'interrogea sévèrement : j'avais beau lui répondre, indigné : « N'ai-je pas le droit de laisser croître barbe et cheveux ? Ce faisant, je respecte la nature que vous outragez avec vos rasoirs et vos ciseaux. N'ai-je pas le droit de donner ce que je possède à qui bon me semble ? En m'arrêtant dans la rue, où je ne causais aucun trouble, vous foulez aux pieds la liberté individuelle. » Il n'écouta rien, feignit lui aussi de me considérer comme fou et m'envoya à Sainte-Anne. Que pensez-vous de cela ?

— Que ce commissaire était une brute, répondit Fanny.

— Une âme grossière et bornée, fit le poète Randon, plus épaisse encore que sa lourde enveloppe, une âme qui mérite d'être déjectée dans les sombreurs du néant d'où elle n'aurait jamais dû sortir.

— « Vous êtes un peu sévère, reprit le philosophe, notre milieu social si corrompu, si méchant, est le grand coupable. Souvent, ceux que l'on vous montre comme des tigres, ne sont que de douces hirondelles.

Cette affirmation eût certainement fort interloqué M. de Buffon.

Cependant Jésus-Christ continuait son récit :

— Mon internement à Sainte-Anne ne m'étonna pas le moins du monde. La voix qui m'avait conseillé de sortir de chez moi, s'était déjà fait entendre auparavant et m'avait appris que je traverserais ces maisons de douleur où des hommes sont détenus par d'autres hommes. La Providence voulait ainsi m'éclairer, me rendre témoin des misères cachées à la foule, me mettre à même de les dévoiler pour le plus grand bien de mes frères...

— Décidément, murmura Gegout, ce toqué abuse de sa ressemblance avec le fils de Dieu.

— ...A Sainte-Anne, on me donna des douches et une nourriture convenable. Je pris les douches et j'abandonnai mon vin, mon bouillon et ma viande aux malheureux qui m'entouraient : c'est ma nature, je suis heureux de faire le bien. Je n'en passai que pour plus fou ; les douches furent multipliées et l'on parla de me mettre la camisole de force.

Enfin, le médecin qui me soignait crut entrevoir de l'amélioration dans mon état. « J'ai bien envie, me dit-il, de vous mettre en liberté, car, après tout, vous n'êtes pas dangereux, mais il faut que vous fassiez couper votre barbe et vos cheveux. »

Vous comprenez bien que je repoussai cette proposition déshonorante. « La nature m'a prodigué ces ornements capillaires, m'écriai-je, et je croirais l'outrager en soumettant ma tête au fer d'un tondeur. Gardez-moi, douchez-moi, tuez-moi, ma résolution est inébranlable. »

Cette lutte se reproduisit encore plusieurs fois. Enfin, comme je ne faiblissais pas, un matin quatre hommes se jetèrent sur moi, me lièrent bras et jambes, tandis qu'un affreux coiffeur faisait tomber barbe et cheveux sous un fer sacrilège, n'épargnant que mes moustaches. Que pensez-vous que je fis alors ?...

— Parbleu ! répondit Niclosse, s'interrompant de pucer Pélagie, vous avez fait comme Dache, le perruquier des zouaves ; vous avez recollé les mèches enlevées.

— Non, dit le philosophe avec une grande candeur, j'avoue que je n'y pensai même pas, car ce moyen est artificiel et je n'aime rien en dehors de la nature. Mais je voulus montrer à mes tourmenteurs une grandeur d'âme qu'ils ne me soupçonnaient pas : ils m'avaient laissé les moustaches ; sitôt délié, je les fis tomber en disant au docteur : « Voilà ce que je fais de vos dons. » Et je quittai Sainte-Anne, plus résolu que jamais à travailler au bonheur de l'humanité.

— Quel est cet idiot ? demanda à ce moment Violard qui venait d'entrer.

XIV

L'hôpital et la prison.

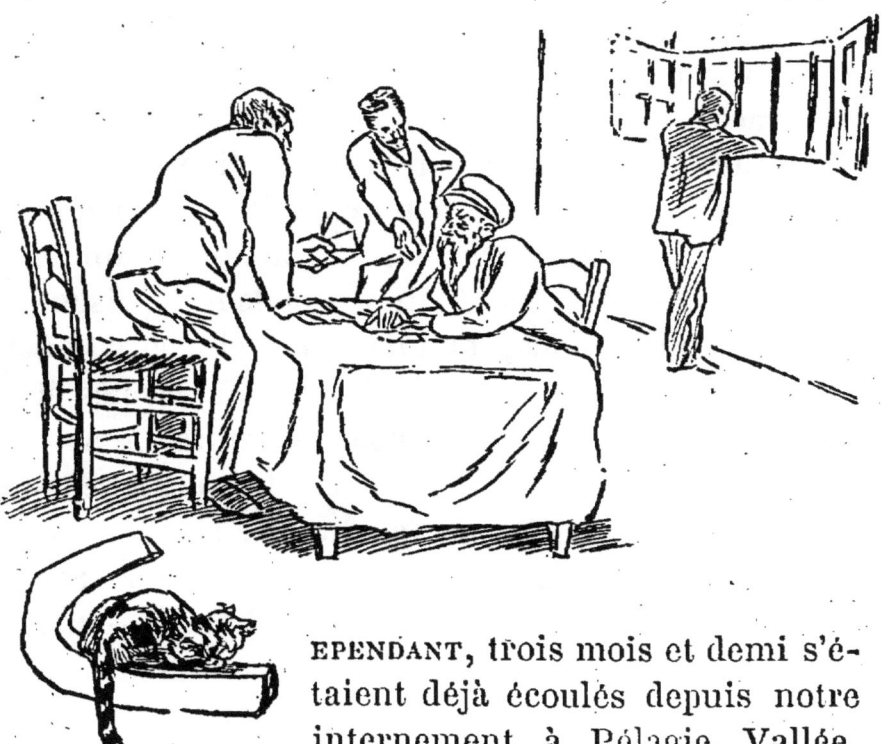

EPENDANT, trois mois et demi s'é-
taient déjà écoulés depuis notre
internement à Pélagie. Vallée,
sur le point de nous quitter, devenait de plus en
plus gouailleur; comme les légendaires chassepots,
ses sarcasmes partaient tout seuls au cours des
interminables parties de piquet. Niclosse donnait
vertement la réplique; Caillava ne gardait pas non
plus sa langue dans sa poche. La prison retentissait des exclamations les plus typiques :

— Vous avez repris votre écart!

— Vieux filou! vous regardez mes cartes!

— Si vous continuez, je vais vous faire compter à la muette!

— Le roi de trèfle est marqué.

— Quelle caverne de voleurs! Retournez à Athènes!

— Gegout ne s'y reconnaît plus parce qu'il tient son as de carreau la tête en bas! C'était là plaisanterie favorite de Niclosse.

Zevaco et Malato, piètres amants de la dame de pique, avaient trouvé une occupation de plus haut goût. De leurs fenêtres, ils plongeaient dans la cour de la Pitié qui s'étend devant le quartier des femmes. Pauvres malades, prisonnières comme nous, et que notre imagination se plaisait à poétiser, en dépit des cataplasmes et du sulfate de magnésie! Tous les soirs, à sept heures, aux tintements de la cloche, elles regagnaient leurs dortoirs, et la plupart, en passant, nous envoyaient des baisers, que nous leur rendions avec usure, — dans le vide, hélas! — une politesse en appelant une autre. D'aucunes étaient fort jolies.

Quelques minutes après, des figures brunes, blondes, rousses, châtaines apparaissaient aux fenêtres du deuxième étage et entamaient avec nous une conversation qui, pour être muette, n'en était pas moins expressive. Arrivait l'heure réglementaire du coucher : les affamés d'amour se rendaient alors dans la Petite-Sibérie, dont l'unique

fenêtre était la mieux disposée pour permettre la vue des rondeurs blanches et roses se glissant entre les draps. Grâce à leurs lorgnettes, les prisonniers pouvaient surprendre maints détails intimes.

— Pauvres femmes! comme elles doivent s'ennuyer! pensions-nous. Plus heureux qu'elles, nous ne sommes point tenus d'ingurgiter des ragougnasses pharmaceutiques et de nous ankyloser au lit quand il nous plaît d'être debout. Ce que leur imagination doit travailler!

Elle travailla si bien que bientôt les relations devinrent plus corsées.

Trois jeunes malades se distinguaient entre toutes par leur plastique non moins que par leur assiduité à correspondre avec nous. Une après-midi, elles se réunirent à la même fenêtre, nous montrant un carton de belle dimension qu'elles agitaient triomphalement au-dessus de leur tête et sur lequel, en énormes lettres bleues, elles avaient tracé leur nom, — leur petit, bien entendu, celui qu'on murmure à l'oreille dans un bécot. Malgré la distance — une soixantaine de mètres — nous pûmes lire, en nous aidant mutuellement.

La plus petite des trois se montrait la plus frétillante. « C'est Musette ressuscitée, déclara Zévaco, elle ne peut venir que du quartier Latin. » Et il ne se trompait point : Marthe, fleuriste de son métier et ne cultivant pas moins la fleurette que la fleur, avait édifié son nid dans les parages du boul' Mich'.

La fréquentation des disciples de Charcot et de Labbé, jointe à une imagination vive, à un esprit d'assimilation extraordinaire, en avait fait un diablotin séduisant et futé au possible. C'était elle qui avait eu l'idée de la pancarte sur laquelle elle inscrivit, au bas des noms, l'indication du dortoir : *Salle Valleix, lits n^os* ... Son blanc déshabillé de malade lui seyait à ravir ; à l'heure où l'obscurité commençait à brouiller les figures, nous la distinguions de ses compagnes à un large ruban mauve emprisonnant ses nattes dorées.

La seconde, Laure, était une blonde absolument ravissante. Deux grands yeux, dont nous ne pûmes jamais définir la nuance, illuminaient son visage d'une rare pureté de lignes. Oh ! ces yeux, que l'expression en était changeante ! Au repos, c'était le regard séraphique d'une madone, mais la moindre impression désagréable venait-elle l'affecter, aussitôt ces yeux-là fulguraient, un air de suprême hauteur se répandait sur tout le visage, un rictus dédaigneux crispait la lèvre rose et la vierge raphaélienne se transformait en une Imperia d'une beauté menaçante. Laure, âgée de dix-huit ans, quatre de moins que Marthe, était, comme sa compagne, étudiante et fleuriste.

La troisième, Thilda, brune de belle carnation, avait le regard provocant, la lèvre sensuelle. La longue-vue à l'œil, Vallée prétendait suivre les palpitations de son corsage. Certes, le séjour prolongé de l'hôpital devait lui peser.

Il eût été de la dernière impertinence de ne pas répondre aux marques de sympathie de ces dames. Jusqu'où cela irait-il ? On ne pouvait le savoir, mais tout portait à croire que murs et grilles arrêteraient les effusions au bon moment et les réduiraient à un piquant marivaudage.

Semblables aux enfants qui se récréent au jeu de mariage, dont leur innocence ne soupçonne pas les épines, nous nous distribuâmes les belles; Zevaco, très enflammé, s'empara de Marthe; Malato déclara qu'on ne pouvait décemment laisser les deux autres sans cavaliers et il s'attribua le plus naturellement du monde la superbe Laure.

Restait Thilda : à qui allait-elle échoir? Personne ne se présentait, malgré les sourires et les baisers qu'elle nous adressait avec un éclectisme des plus encourageants. Gegout s'embourgeoisait à ne courtiser que la seule Juliette. Niclosse, resté le plus jeune de nous, refusait mordicus une amoureuse attitrée, afin de demeurer libre de rendre hommage à toutes. Et les hommages de Niclosse sentaient terriblement le vieux troupier qui ne s'est jamais pénétré de Catulle Mendès.

A force de supplications, nous parvînmes à amollir le rocher logé dans la poitrine de Caillava. Le gérant de l'*Égalité* daigna adresser à la belle brune quelques gestes protecteurs que n'eût pas désavoués le grand Turc. Il condescendit même à des baisers, rares il est vrai, si rares que Malato crut devoir y suppléer en se glissant derrière son codétenu, à la bouche duquel il portait une main insidieuse dont on ne pouvait reconnaître le propriétaire.

Ce soir, où pour la première fois depuis bien longtemps, des femmes jeunes et jolies daignèrent nous favoriser d'une invite formelle en nous révélant leur personnalité, les conversations sérieuses ne furent pas abordées : on ne s'entretint ni de l'antisémitisme, ni du Gesù, ni de la concentration capitaliste, ni du socialisme d'État; seul l'amour chanta son éternelle gamme, évoquant le passé, rassérénant le présent, auréolant l'avenir. Niclosse nous narrait ses Zoras et ses Fathmas, Caillava ses robustes filles de village, Gegout jouait de la flûte, Zevaco fredonnait une romance, et à l'heure où la nuit descendit bercer de ses rêves malades et prisonniers, on eût pu voir, sans doute, planant au-dessus des deux lugubres bâtiments, le dieu Éros secouant dans l'ombre ses ailes d'or.

XV

Télégraphie optique.

'HOMME est un animal qui, si insociable puisse-t-il paraître, ne peut vivre qu'en société. Sa détention entre quatre murs émousse ses sensations, ses facultés, ses organes; le cerveau, n'étant plus stimulé par une succession d'images, s'engourdit. Si la réclusion se prolonge et que le prisonnier ne trouve pas un aliment à son activité, fût-ce en élevant des araignées comme Pélisson, il y a péril de mort intellectuelle.

Nous n'en étions pas encore au degré d'affaissement où pouvait se trouver Latude à sa trente-cinquième année de captivité. La diversité des

17.

opinions en présence et les 'discussions animées qui en résultaient avaient contribué à nous tenir en haleine. Cependant, le beau feu des premiers temps s'éteignait peu à peu : Gegout restait couché parfois de cinq heures du soir à neuf heures du matin ; Morès bâillait désespérément dans sa chambre et prenait un embonpoint inquiétant ; Zevaco, au contraire, se desséchait à vue d'œil, lorsque les pensionnaires de l'hôpital nous intimèrent une mise en demeure autrement significative que toutes celles adressées aux pouvoirs publics par les socialistes parlementaires.

Ce fut une résurrection. Zevaco, le plus enthousiaste de nous tous, mena l'affaire comme une charge de cavalerie. Séance tenante, il écrivit à celle qu'il avait choisie pour dame de ses pensées une épître incandescente..... une épître ! non, un volume : vingt feuilles de papier à lettre grand format, couvertes d'une écriture fine et serrée.

« — Vous gâtez le métier, lui dit avec humeur Malato, nous voilà tous tenus d'en pondre autant sous peine de passer pour des mufles. »

Ne se sentant pas en état d'accomplir pareil tour de force, ce dernier adressa aux trois jeunes femmes la lettre suivante :

« Mesdames ou mesdemoiselles,

« Vous êtes-vous parfois promenées au Jardin des Plantes devant la cage des singes ou celle des bêtes féroces ?

« Si oui, vous avez dû remarquer une pancarte invitant le public à ne pas exciter les animaux.

« L'administration de la Pitié aurait agi avec prudence en invitant de même ses charmantes pensionnaires à ne pas exciter les prisonniers.

« Tout au moins, devrait-il être formellement interdit de se montrer aussi aimables que vous l'êtes. Vous avez mis nos têtes et nos cœurs en révolution. Qu'en résultera-t-il ?

« Brûlants mais pratiques, nous vous adressons nos biographies illustrées: vous connaîtrez ainsi vos adorateurs.

« Nous vous embrassons toutes avec beaucoup

d'entrain, espérant que cela ne vous déplaira pas trop, et que vous nous le rendrez. »

Il y joignit la biographie tintamarresque de chaque prisonnier avec portrait en regard. Le tout fut inclus dans la volumineuse missive de Zevaco. Celui-ci, avec l'instinct des amoureux — car il l'était très sérieusement — avait dès le début deviné lequel des trois noms appartenait à sa belle et, sans hésitation, il écrivit cette adresse :

Mademoiselle Marthe,
salle Valleix, lit n° 9, hôpital de la Pitié.

Le même jour, la lettre, glissée à un visiteur, était jetée à la poste et arrivait à destination.

Ce fut dès lors, grâce aux intermédiaires obligeants qui portaient nos lettres et recevaient chez eux les réponses qu'ils nous remettaient ensuite, une cour en règle que nous étions d'ailleurs contraints de poursuivre sous peine de félonie, car les malades exaspérées par leur séjour prolongé à l'hôpital, ne nous laissaient pas un instant de répit. « Si vous m'aimez comme je vous aime, avait écrit Zevaco à la blonde Marthe, si vous êtes décidée à fondre votre âme dans la mienne, à me rendre le plus heureux des hommes, mettez un ruban mauve autour de votre cou. » Et les rubans mauves succédaient aux rubans mauves ; Thilda multipliait les baisers à en lasser le superbe Caillava, aussi fut-on obligé d'adjoindre à ce dernier Gegout qu'une nouvelle brouille venait de séparer momentanément de Juliette. Malato ayant eu l'ingénieuse idée de découper un immense cœur dans une feuille de papier rouge et d'y mettre le feu sous les yeux de Laure, celle-ci accomplissait presque chaque soir un semblable autodafé et les cœurs sanglants ne faisaient qu'apparaître aux fenêtres, puis s'abîmer sous la morsure des flammes qui, plus d'une fois, faillirent embraser l'hôpital ou la prison.

Ah! les captifs : quels grands enfants!

Derrière Marthe, Laure et Thilda, d'autres se montraient, postulantes d'amour, qui ne nous épargnaient pas les signes d'encouragement. Jamais malades ne l'avaient paru moins : le désir et la possibilité de plaire galvanisaient ces pauvres souffrantes et ce flirtage, où les parties en présence étaient à soixante mètres les unes des autres, dut certainement, plus que tous les purgatifs et tous les clystères, opérer des cures miraculeuses.

— Nous accomplissons une œuvre humanitaire, déclarait gravement Malato, notre conscience nous ordonne de continuer.

Il avait d'ailleurs un motif non moins sérieux que la satisfaction de sa conscience. Attelé à une étude historico-révolutionnaire qu'il voulait dérober aux curiosités administratives, — les portes de nos chambres n'étant fermées qu'au loquet pendant le jour, — et faire paraître pendant sa captivité, il pensait que le meilleur moyen de détourner les investigations était de s'aventurer très ostensiblement vers les régions du tendre. Comment, diable, eût-on soupçonné un homme que les flèches de Cupidon semblaient avoir transpercé d'outre en outre?

Aussi, tout en évitant de s'engager vis-à-vis de l'étudiante, se mit-il à emboîter le pas à Zevaco. Celui-ci envoyait des bouquets, Malato en envoya aussi ; les courtes épîtres agrémentées de dessins genre Boquillon, — ce qui épargnait de la *copie*, — suivaient sans retard les lettres longues et pathétiques du bouillant dragon. Mais, bien décidé à ne pas franchir les limites d'un flirtage sans conséquences pour l'avenir, il rompait astucieusement lorsque Laure devenait d'une tendresse inquiétante.

Le soleil se faisant galamment notre complice. Chaque matin, si les nuages jaloux n'y mettaient empêchement, il nous prêtait un de ses rayons qu'à l'aide d'un miroir nous envoyions se refléter en dansant aux fenêtres de l'hôpital et jusque sur les blancs rideaux des lits occupés par nos malades. A ce signal d'appel, nos amies se levaient et accouraient, très flattées, sans doute, de voir le dieu Phébus domestiqué à leur service et transformé en messager d'amour.

— A la bonne heure! murmurait Malato qui, un miroir dans chaque main, étudiait les angles d'incidence et de réflexion, voilà de l'amour scientifique.

Lancé sur cette voie, il se rappela un jour qu'il avait été gérant de télégraphe en pays canaque. « Eurêka! » s'écria-t-il en se frappant le front : il venait de concevoir un système de correspondance optique avec l'hôpital.

Désormais, plus n'était besoin d'attendre de longues journées pour avoir par lettre l'explication d'un signe douteux : une fois de plus, le télégraphe détrôna la poste! Cela fut fait le plus simplement

du monde : d'immenses lettres étaient découpées dans la longueur d'un journal. En les assemblant et les appliquant soit sur un carton foncé, soit sur nos vitres, nous formions des mots. Le *Manè-Thècel-Pharès*, fulgurant sur les murs du palais babylonien ne devait guère causer plus d'émoi que ces phrases laconiques : « Rien reçu », « envoyons lettre »; « attendez demain ». Lorsque les mots atteignaient une longueur par trop considérable, nous nous contentions de faire apparaître successivement chaque lettre que nous laissions en vue jusqu'à ce que, par un signe, les jeunes femmes nous eussent exprimé qu'elles avaient compris.

A la vérité, ce mode de correspondance demandait un certain temps; parfois les caractères mobiles dont on encombrait le Salon de la Gomme, s'enchevêtraient les uns dans les autres, au grand désespoir du bouillant Zevaco qui, pourtant, contribuait fort à cette confusion en saisissant et dépiéçant, selon les besoins immédiats, les A pour en faire des V, les T pour les transformer en L, les R pour les changer en P, impatienté des lenteurs de Malato qui continuait méthodiquement son train-train avec le flegme d'un homme pour lequel l'amour même n'est qu'un sujet d'observations curieuses.

— Vous n'avez donc rien dans le cœur ? lui criait l'impétueux sabreur; vous n'avez donc jamais su ce que c'est que l'amour.

— Pardon, répondait le télégraphiste piqué, mon cœur est au grand complet : deux oreillettes et deux ventricules chargés de la circulation du sang et qui s'acquittent admirablement de cette fonction. Quant à l'amour, c'est une excitation cutanée qui peut, selon l'âge et le tempérament des sujets, affecter les formes les plus différentes, engendrer les impressions les plus raffinées ou les plus grossières. C'est, somme toute, chez ceux qui sont normalement organisés, un besoin tout aussi naturel et respectable que ceux de boire, manger et...

— Arrêtez, barbare! vous allez me dépoétiser l'amour... l'amour! mot divin qui agenouille les générations et courbe les têtes les plus fières. Vos yeux de profane n'ont-ils donc jamais étincelé à l'aspect de formes ivoirines? les nudités impeccables n'ont-elles pas fait naître en vous des émois, des extases, des troubles furieux? N'avez-vous jamais cherché à pénétrer une femme du feu de vos désirs?

— Mon cher poète, ne confondons point, s'il vous plaît, les mensonges de l'imagination, tout charmants qu'ils soient, avec la réalité des choses. J'ai éprouvé, comme à peu près tout le monde, les impressions psycho-physiologiques dont vous parlez et je n'en suis ni plus fier ni plus honteux. D'ailleurs, bien que me défiant des classifications arbitraires, je serais tenté de cataloguer l'amour selon ses manifestations sous trois étiquettes : amour de tête, amour de cœur, amour de sens.

— Systématique!

— Parbleu! où serait la raison logique d'être destructeur de systèmes, si ce n'était pour en édifier de nouveaux?

Et, sur cette boutade, il continuait l'exposé de ses théories :

— L'amour de tête se nourrit d'intrigues, de romans, d'élégantes fioritures; c'est l'amour des personnes ambitieuses et coquettes, des Catherine et des Élisabeth, celui qui s'épanouit de préférence dans les froids pays du Nord où le corps se développe moins vite, où les sens s'amortissent dans un ambiant plus calme.

— Ouf! murmurait Zevaco. Et après ?

— L'amour de cœur, qui se manifeste de préférence dans les pays moyens comme climat, comme mœurs, comme race, où la femme est intimement mêlée à notre vie : en France, par exemple. C'est l'amour naïf des filles du peuple, des Jenny et des Lise également éloignées de la névrose des grandes dames et de la sécheresse des bourgeoises.

— Et l'autre ?

— L'amour des sens, de tous le plus brutal, est aussi le plus primitif, bien que certaines civilisations, comme celle des Romains de la décadence, l'aient professé et avivé d'une façon très scientifique. Mais c'est le propre des civilisations surchauffées de faire retour à la barbarie : les extrêmes se touchent. C'est même parce que cette sorte d'amour est en décroissance chez les classes cultivées, que celles-ci sont obligées de recourir à des stimulants. D'ailleurs, quels sont les peuples chez lesquels domine la passion sensuelle ! Ceux dont le corps, développé par un climat brûlant, grandit vite, tandis que leur esprit reste enfant; ceux pour qui la femme est une bête de somme ou un objet de luxe qu'on renferme jalousement.

— Qu'en concluez-vous, classificateur enragé?

— Moi, rien. Si j'étais bourgeois, respectant le code et mendiant à mes semblables la permission de satisfaire des besoins physiologiques, j'établirais que puisqu'on peut aimer de trois façons différentes, un homme devrait avoir le droit d'entretenir simultanément trois femmes et *vice versa*. Mais, ne l'étant pas, j'estime que la société n'a pas à réglementer les sensations cérébrales, affectives ou infrà-abdominales de chacun de ses membres : liberté pour tous.

— Et moi, j'estime que vous êtes un sophiste avec toutes vos distinctions. Quand j'aime, c'est par tout mon être : rêves d'azur, effusions brûlantes, enlacements vigoureux, tout se confond dans un transport surhumain. Ah! vous n'êtes pas capable d'aimer à la fois avec l'esprit, le cœur et les muscles : eh bien, vous n'êtes qu'un tiers d'homme !

— Permettez !...

— Messieurs, dit un jour Morès, comme cette discussion recommençait pour la dixième fois, les dames de l'hôpital vous ont décidément tourné la tête ; ce soir, si vous voulez, histoire de changer, nous ferons tourner des tables.

XVI

Tables tournantes.

Morès, bien que s'affirmant socialiste-catholique, n'était point imbu de ce sectarisme étroit des ultramontains. Il avait assez vécu pour sonder les dessous de la religion officielle et se rendait compte que la foi irraisonnée proscrivant la critique et courbant toutes les têtes sous une formule avait fait son temps. Ses concessions à l'esprit moderne eussent paru larges il y a quelques vingt ans : c'était celles que réclamaient alors ces catholiques libéraux anathématisés par l'Église qui cherchera en vain, à l'heure prochaine des débâcles, à les ramener à elle pour s'en faire un bouclier contre les briseurs d'idoles et de dogmes.

Non seulement notre codétenu admettait, réclamait même, la séparation de l'Église et de l'État, mais il prévoyait sans effarouchement une rupture ouverte avec le Vatican. La fréquentation des catholiques irlandais, formidablement organisés aux États-Unis, l'avait fait réfléchir. Il se disait que l'idée chrétienne, agonisant en Europe sous les débris d'un romanisme pourri, se relèverait peut-être là-bas dans le rajeunissement d'une forme nouvelle : le sceptre de Saint-Pierre passerait alors aux mains des jésuites d'Amérique, plus habiles, selon lui, que leurs confrères d'Europe.

Ces idées étaient avancées pour un homme de sa caste, mais n'est-ce pas une des lois du progrès d'enjamber dédaigneusement les réformes qui jadis paraissaient la dernière limite de l'audace? Au siècle positif des Darwin et des Büchner, qui donc se contenterait du sentimentalisme religiosâtre des Lamennais? Aussi, était-ce sans le moindre enthousiasme que nous accueillions cette idée d'une refonte de tous les vieux dogmes en une religion moins choquante et, par cela même, plus redoutable. En analysant toutes les manifestations actuelles de l'esprit mystique et en les rapprochant du développement rapide de cette grande race slave, si foncièrement croyante, race qui exercera avant peu une hégémonie, tout au moins morale, sur l'Europe, nous nous demandions anxieusement si l'aurore du prochain siècle ne verrait pas, sous une forme quelconque, un retour offensif du spiritualisme.

Tout en tenant compte du côté cabotinage ou spéculation des modernes entreprises à étiquette religieuse, comment y méconnaître l'indice d'un profond trouble psychique, de ce trouble qui déséquilibre les cerveaux aux heures angoissantes précédant les révolutions? Jusqu'au bouddhisme, qu'on eût pu croire confiné dans l'Extrême-Orient et qui, cheminant peu à peu en Europe, compte à Paris même des milliers d'adeptes. Qui oserait affirmer qu'une fois la vieille religion à terre, toutes ces croyances éparses ne se canaliseront pas en une seule qui entraînera les masses populaires encore éloignées d'une conception rationnelle du matérialisme !

De là à s'embarquer dans des discussions plus abstraites mais non moins vives sur l'esprit, la matière, le libre-arbitre, le néant ou la vie d'outre-tombe, il n'y avait qu'un pas.

Niclosse et Caillava émettaient vaguement l'idée que, quand on mourait, ce devait être pour fort longtemps.

Zevaco, matérialiste de par ses études, manifestait cependant des tendances à ce que les phrénologistes appellent la merveillosité.

« — Qui sait? » murmurait-il après tant d'autres.

Travaillé comme lui par son imagination latine, Malato affirmait qu'il était injuste de repousser *a priori* tous les faits considérés, à tort, comme antinaturels, mais qu'on devait s'efforcer d'en rechercher la cause scientifique. Et, malgré son aversion pour les chiffres, il noircissait le papier de fantastiques équations où s'enchevêtraient éperdument la force nerveuse, les intensités et les résistances.

« — Tout est relatif, concluait-il avec un geste de prophète fin de siècle, le téléphone qui paraîtrait miracle à un sauvage, est, pour nous, d'ordre aussi naturel que certains faits encore inexpliqués le seront pour nos descendants plus affinés que nous. La science psycho-physiologique est tout entière à créer. »

Morès se déclarait convaincu de la subsistance du *moi* dans une vie posthume; il remuait des arguments, cherchait des faits, fouillait dans ses propres souvenirs; un jour, il nous affirma avoir assisté à des expériences concluantes de spiritisme :

... Et la table tournait toujours !

— Nom de Dieu de nom de Dieu ! tonna cette fois Gegout, faut-il avoir le cerveau assez coulant pour avaler de pareilles foutaises !

— Qui sait ? réédita Zevaco.

— Le fait pourrait se produire par des causes toutes matérielles, opina Malato. Une simple équation en donnera l'idée : en multipliant la force nerveuse...

— Va te coucher avec tes équations et ta force nerveuse ! Il ne vous suffit pas que parents et amis vous em...bêtent de leur vivant, il faut encore qu'ils viennent vous canuler après leur mort. On vous en servira de l'esprit de macchabée en conserve !

Ce fut le lendemain même que Morès, interrompant une discussion presque aussi épineuse sur l'amour, nous proposa une expérience dynamo-spirite.

— Adopté ! nous écriâmes-nous d'une seule voix.

— Mais vous savez, messieurs, qu'il faut être sérieux. Tout geste moqueur, toute causerie profane blesseraient la susceptibilité des esprits, rompraient le charme et empêcheraient le phénomène de se produire.

— On sera sérieux comme si on lisait du Barrès.

— C'est égal, murmura Zevaco avec inquiétude ; si Gegout en est, j'ai bien peur pour la réussite.

— Ah ! c'est comme ça ! murmura le susceptible montmartrois. On doute de mon fluide ! Eh bien, je m'exclus volontairement de vos folies macabres : disciples d'Alan Kardec, partez sans moi pour Charenton !

. . . .

Le soir est arrivé. Selon le conseil de Morès, nous nous sommes bien lestés de corps : « Une pointe de cognac ou de *fine*, nous a-t-il dit, n'est pas superflue pour stimuler l'activité cérébrale ». Spiritisme et spiritueux, le tout doit en effet aller ensemble. Niclosse a suivi ponctuellement la prescription et murmure : « Il me semble que ça commence déjà à tourner. »

Sous la lumière pâle d'une lampe mal mouchée,

voilà les expérimentateurs : Zevaco, Morès, Caillava, Niclosse, Vallée, Malato, assis dans le Salon de la Gomme autour d'une petite table rectangulaire.

Au dehors, la lune leur sourit narquoisement dans un ciel spectral, pendant que, les mains étendues, se reliant à celles de leurs voisins, ils concentrent leur fluide nerveux et évoquent consciencieusement les *invisibles*.

Cinq, six, sept, dix minutes se passent. Rien ne bouge. Le front de Zevaco se plisse; la figure de Vallée s'illumine d'un sourire goguenard. Enfin, Niclosse, n'y tenant plus, rompt le silence :

— Est-ce que les esprits musulmans viennent aussi quand on les appelle ?

— Sans doute.

— Chut ! souffla Zevaco déséspéré.

— Ce *feignant* d'Abd-el-Kader ! Qu'est-ce qu'il fout donc ? Voici un quart d'heure que je l'appelle et... *barca !* L'Arbi aura flairé un vieux chacal !

On fait taire Niclosse et l'on se remet à évoquer les esprits.

Cinq minutes s'écoulent encore dans un silence lugubre; il semble aux évocateurs, — est-ce la fatigante tension des nerfs, est-ce un effet suggestif ? — éprouver au bout des doigts un léger picotement.

— Courage ! murmure Morès, le fluide se dégage.

— Ça vient, fait joyeusement Zevaco, ça...

Il n'acheva pas : un jet d'eau, parti on ne sait d'où, vint effleurer la moustache de Morès, se bri-

ser sur le nez de Malato et se diviser en deux filets dont l'un s'élança dans l'œil droit de Caillava, l'autre dans la bouche ouverte de Zevaco.

— Tiens! tiens! tiens! nargua Vallée, l'esprit qui se lâche! Fermez le robinet!

— Différemment!... prostestait Caillava en s'essuyant tout interloqué.

Cependant Malato, foncièrement positiviste, n'admettait point qu'un effet matériel eût une cause métaphysique et scrutait minutieusement tous les recoins de la chambre : rien sous les tables! rien sous les lits! rien dans la cheminée! partout une obscurité vide et silencieuse.

« — Cherchez et vous trouverez! » lui criait Morès, très ferré sur l'Evangile.

Et, soudain, l'anarchiste lui répondit :

— J'ai trouvé!

En passant devant la porte, il venait de recevoir un second jet en pleine poitrine. Il ouvrit brusquement et se trouva en face d'une forme blanche, enveloppée de la tête aux pieds dans un long suaire et tenant aux mains, — des mains qui paraissaient bel et bien vivantes, — une mince seringue pointée vers l'huis.

Le fantôme poussa un cri strident et, d'un élan formidable, disparut dans l'escalier, laissant flotter son linceul au bas duquel se détachaient, lourdement imprimées, les deux lettres S. P.

— Oh! oh! fit observer Niclosse, l'esprit qui emprunte les draps du service pénitentiaire ! Mince de dèche dans l'autre monde !

— Cet animal de Gegout! soupira Zevaco. On ne

peut rien tenter de sérieux avec lui. A recommencer !

Et, roulant entre ses doigts un lambeau de journal, il s'en fut mélancoliquement boucher un trou pratiqué dans la porte, à côté de la serrure, et si peu apparent que nul n'y avait pris garde.

— Messieurs, déclara Morès, il serait inutile de recommencer ce soir l'expérience. Les conditions psychologiques nécessaires pour amener le phénomène n'existent plus. La douche que nous avons reçue, toute légère qu'elle soit, a troublé nos esprits, interrompu le travail nerveux et coupé net la circulation du fluide. Or, sans circulation de fluide, pas d'apparition !

— Cette douche en miniature, murmura Zévaco, est peut-être un avant-goût de celles que la société nous distribuera un jour.

L'expérience ne fut pas reprise. Seulement, Malato, au parloir, ayant narré le fait à son ami Roux, très versé dans les sciences naturelles et lui ayant soumis ses laborieuses équations, fut traité haut la main de spirite, malgré ses protestations énergiques. Et, quelques jours après, tous les détenus, moins Gegout, étaient abonnés à leur insu à la *Revue spirite*, organe officiel de la religion révélée à Alan Kardec.

XVII

Une souscription

C'était un homme fort aimable, malgré sa grande érudition, que notre ami Roux. Ennemi juré du mysticisme, il l'avait houspillé dans la science, s'efforçant de prendre corps à corps son insaisissable ennemi. Il le combattait actuellement en politique et en sociologie, joignant à la netteté du raisonnement la passion d'un vigoureux tempérament révolutionnaire.

Lorsqu'il ne se lançait pas dans une violente sortie contre le sentimentalisme religiosâtre qui égare les foules et fait avorter les révolutions, il narrait avec humour ses souvenirs d'exil, car il avait, tout jeune, combattu pour la Commune.

Presque toujours, par une coïncidence bizarre, Fanny apparaissait alors, donnant le bras à un cavalier qu'elle dominait presque de la tête. Vingt-quatre ans, trapu, grassouillet, l'œil vif et saillant, la face colorée, l'esprit sarcastique, rempli d'excellentes qualités, mais lambin en diable, tel était Jacques Prolo, un de nos plus intimes. Faisant violence à son apathie naturelle, il nous visitait, cependant, tous les quinze jours. Mais sans les amis communs qui allaient le relancer à domicile pour nous l'amener, il serait arrivé chaque fois après la fermeture du parloir, étant dans ses irrégularités d'une régularité désespérante.

Par une belle après-midi, un bruit étrange monta de la rue jusqu'au parloir par les fenêtres grandes ouvertes : tel le brouhaha d'une foule acclamant quelque idole. Nous nous penchâmes sans rien découvrir.

— Serait-ce Boulanger retour de Jersey ? murmura Jacques Prolo.

Mais subitement nous perçûmes une acclamation suraiguë poussée par quelque gavroche :

— Vive Garibaldi!

— Garibaldi! se récria Zevaco. On se trompe de général! que vient faire ce cadavre?

Nous eûmes la clef du mystère, car le cadavre fit son apparition au parloir.

Qu'on se représente un homme jeune encore et de belle mine, aux boucles brunes déroulées sous un immense sombrero; l'œil rêveur et la bouche narquoise; traits réguliers rigoureusement accentués, le galbe attique et l'expression gauloise. Un grand manteau couleur muraille, comme dans les romans de cape et d'épée, l'enveloppait par-dessus un complet de velours sombre; une large ceinture rouge, à laquelle on cherchait involontairement des pistolets, le sanglait à la taille; des bottes, vierges d'éperons mais le chaussant jusqu'aux genoux, achevaient cet accoutrement pittoresque. Comme arme, ni épée ni tromblon, un simple gourdin tenu d'une main nerveuse.

— Bruant! s'écrièrent d'une voix les détenus.

Qui donc, en effet, ne connaissait le chansonnier de Montmartre, rival de Jules Jouy et de Rodolphe Salis, débitant à la fois, en son cabaret du *Mirliton*, de la poésie réaliste et des bocks.

— Bonjour! allons, vous n'êtes pas encore trop décatis, nous fait Bruant de sa bonne grosse voix un peu traînante. Figurez-vous que dans la rue, un tas de poivrotins m'ont pris pour un général exotique, un peu plus, le cipal de garde devant l'établissement allait me présenter les armes. Ce que je te vous ai envoyé dinguer ces vaches!...

Dans la pénombre de Bruant, s'avançait discrètement un second personnage fort occupé de maintenir entre ses bras un énorme matou, celui du gardien-chef, capturé au passage. — « Steinlen ! » s'écria Gegout.

Le brillant dessinateur du *Chat Noir* serra les mains qui lui étaient tendues, puis après quelques mots échangés, s'assit, tira de sa poche une feuille de papier, un crayon et se mit incontinent à esquisser bête et gens.

— Il faut aller chercher Pélagie ! s'écria Niclosse qui disparut, leste comme un jeune, et revint deux minutes après, sa favorite sur l'épaule.

Cependant Bruant nous narrait les peines infinies qu'il avait eues à gagner notre prison.

— C'est grand, Pantruche, y a pas moyen de risquer un pas sans s'y perdre. Je demande à un collignon de Montmartre : « Où c'est-y, Pélagie ? » Il me répond : « Je ne sais pas ». J'en avise un autre qui me fait : « Connu ! c'est du côté de Charonne. » Va pour Charonne ! Steinlen et moi nous montons dans le sapin. A Charonne, pas plus de Pélagie que sur la main. A la fin, un sergot nous indique la direction du Panthéon. Va pour le Panthéon ! Clic ! clac ! nous roulons dare dare et nous voilà devant le musée des macchabées illustres. Nous tournons autour de la place : encore rien ! La colère nous empoigne, nous descendons et payons notre cocher, en l'engueulant ferme. Nous voilà à nous orienter tant bien que mal : un pante nous dirige vers la gare d'Orléans. A nous voir demander notre chemin de tous côtés, le populo s'était amassé et nous chinait. « Tas de propres à rien ! que je leur dis, au lieu de vous payer nos têtes, vous feriez bien mieux de nous indiquer Pélagie. » — Vous êtes devant...

Un miaulement désespéré, suivi d'une exclama-

tion aiguë en langue britannique, interrompit net le conteur. Le matou que croquait Steinlen avait senti son cœur se troubler à la vue de Pélagie et ses sentiments s'étaient manifestés par une mimique si expressive que notre chatte, inexperte encore aux douces choses d'amour, avait bondi, apeurée, sur l'épaule de Fanny. Dans le choc, un peu brusque, les lunettes de la jeune anglomane étaient tombées sur le carreau en s'y brisant.

— *My glasses ! my poor glasses !*

Très galamment, Roux ramassa les verres fendus

et s'efforça, mais en vain, de les insérer dans l'armature.

— Te voilà sans yeux, ma pauvre enfant ! murmura Prolo avec compassion. Comment vas-tu faire ?

— Je propose, messieurs, fit le savant, d'ouvrir une souscription pour remplacer l'appareil que Pélagie vient si malencontreusement de briser. Et comme il y va de notre honneur à tous de bien faire les choses, j'émettrai le vœu que les lunettes offertes à notre amie soient en or.

En or !

Séance tenante, la souscription fut ouverte et réunit la somme de... cinquante centimes.

— Encore trente collectes et ça y est ! constata joyeusement Prolo.

Les fonds furent confiés à Malato qui s'engagea à n'en pas distraire un centime. Il tint parole ; mais, si la souscription ne fut point ébréchée, par contre, elle ne s'accrut guère. De temps en temps, le caissier soucieux y ajoutait une obole. Grâce à cet expédient délicat, la collecte finit par atteindre, au bout de trois mois, la somme de soixante-quinze centimes qu'elle ne put jamais dépasser.

XVIII

Scènes d'Intérieur.

De l'hôpital on découvrait l'intérieur de notre parloir quand les fenêtres en étaient ouvertes. Les belles malades scrutaient d'un œil curieux d'abord, jaloux bientôt, tous nos visiteurs.

Malheur à nous quand l'élément féminin avait donné ! Nous pouvions nous attendre à une mimique furibonde : regards courroucés, gestes tragiques, indifférence affectée, — le tout suivi à bref délai de missives comminatoires.

Thilda s'était éclipsée : peut-être, guérie, avait-elle, avec la clef des champs, repris le chemin de plus substantielles amours. Zevaco, très demandé sur la place, assiégé au parloir par les amies du quartier Latin et les gentes compositrices de l'*Égalité*, se multipliait, faisait face de tous côtés avec beaucoup de brio. Gegout, plus que jamais atteint

de la papillonne, venait d'engager les premières escarmouches avec Mlle Elmire Grosmandrin, vingt-cinq ans, femme de chambre, en traitement pour une affection hépatique.

— Vous êtes gourmand, lui répétait Caillava. Mille dious ! vous choisissez des plats de résistance qui suffiraient à dix amoureux. Différemment, ce n'est pas une femme, c'est un rosbif.

Mais le volage demeurait impassible sous les sarcasmes. « Allez, jaloux ! leur criait-il, vous ne pourrez arracher de mon cœur l'image qu'il chérit. Oui, j'aime cette belle Elmire, son galbe enchanteur, sa fière allure et jusqu'au nom vulgaire pour vous, mais pour moi harmonieux, de Grosmandrin, nom qui ne peut cacher qu'une princesse déguisée... Vous souriez? Oui, une princesse! N'a-t-on pas vu jadis des dindonnières épouser des monarques inconstitutionnels? Pourquoi donc un égalitaire ne deviendrait-il pas l'amant heureux de haute et puissante dame? A la chambre à coucher comme à celle des députés, les extrêmes se touchent. Elmire Grosmandrin, avec quelle grâce aristocratique je te vois maniant le plumeau, portant l'urne intime, de ce pas dont Virgile faisait marcher les déesses ou, la serviette au poing, venant clamer de la cuisine : « Monsieur est servi! »

Et comme ses enthousiasmes amoureux s'exhalaient toujours en rimes, il adressait peu après à la princesse déguisée un madrigal tout à fait régence, se terminant par ce conseil insidieux :

« Laisse choir à tes pieds ta pudique chemise ;
« Livre-toi tout entière, en amante soumise,
   « A ma lasciveté. »

Cependant Malato, beaucoup plus apte à danser le pilou-pilou qu'à jouer les Lovelace, devenait très perplexe. Après sa correspondance avec Laure sur le ton enjoué, puis camarade, il était acculé aux menues galanteries sous peine de passer pour un butor. Il s'exécuta avec la grâce d'un ours savoyard et avertit loyalement la fleuriste qu'il était dans l'impossibilité absolue de lui offrir, à sa sortie, le plus modeste hôtel. « Pris par mille liens que je n'ai pas à rompre, lui écrivait-il sans spécifier davantage, nomade et révolutionnaire, ce qui ne doit pas être votre idéal, de plus réclamé par l'exil à l'expiration de ma peine, je ne puis décemment vous offrir de partager une situation aussi accidentée qu'insuffisante. » Et, pour mieux atténuer la sécheresse du fonds par les enjolivements de la forme, il constellait son papier de larmes à l'encre du plus pitoyable effet.

Il s'attendait à une rupture en règle : à sa grande surprise, il n'en fut rien. Triste, rêveuse et, par-dessus tout, mortellement lasse des monotones journées d'hôpital, Laure se raccrochait, faute de mieux, à cet amour frigorifique. Bientôt, même, elle en vint à témoigner une jalousie féroce : au moindre jupon sortant du parloir, elle poignardait d'un regard catalan le visité qui n'en menait pas large et qui, espérant avoir la paix, se hâtait de télégraphier le mot « amie ».

Mais, chez Laure, la méfiance n'attendait pas le nombre des années : « Monsieur, déclara-t-elle dans une lettre qui, bien entendu, ne passa point par le greffe, je ne crois pas aux amies auxquelles on cause de si près. Chaque jour, c'en est une nouvelle qui vient vous voir... et cette jeune fille que j'ai aperçue dans votre chambre, qu'y faisait-elle ? »

Cette *jeune fille*, — la compagne du détenu, — venait, deux fois par semaine, atténuer les horreurs de la captivité. Malato avait jugé oiseux d'instruire de ce détail la susceptible étudiante.

— Pour le coup, pensa-t-il, voilà qui devient

trop fort ; comment ! je ne pourrais plus recevoir femme ou amies ! Ah ! mais il faut liquider la situation.

Et il se mit à chercher un syndic.

— Voyons, j'ai des amis qui ne demanderont pas mieux que de me souffler ma conquête. Elle

est tout bonnement délicieuse cette Laure, bien que crampon en diable : en faisant ressortir ses qualités plastiques et en taisant ses défauts, il se présentera bien quelqu'un de charitable pour m'en délivrer.

Et il s'adressa au blond Estienne, au brun Randon, au gros Prolo, à l'irrésistible Faure. Estienne pénétra dans la salle Valleix et battit en retraite à la vue de visiteurs penchés sur le lit de la malade ; Randon fit trois sonnets et une demi-douzaine de quatrains ; Prolo se présenta maintes fois à l'hôpital, arrivant ponctuellement à l'heure de la fermeture. L'irrésistible Faure ne bougea pas de chez lui.

— Ayez donc des amis ! murmura le prisonnier exaspéré.

. . . .

Cependant des vides sérieux se produisaient parmi nous.

Vallée terminait sa peine : il partit, louvoyant entre la politique et la serrurerie. Après lui, ce fut Zevaco qui, vers la fin d'août, nous abandonna, hanté de rêves bleus et roses : il allait retrouver sa Marthe qui, par une coïncidence bizarre, avait quitté l'hospice la veille même.

Un fiacre l'attendait à la porte que lui ouvrit solennellement le père Monnien. Nous vîmes un moment notre camarade parader sous nos fenêtres dans la glorieuse nonchalence d'un triomphateur romain ; puis, la voiture disparut au tournant de la place.

Zevaco vint nous voir, le surlendemain, au parloir, après s'être dirigé machinalement vers son ancienne chambre : l'habitude ! Son visage et sa démarche exprimaient un éreintement béat.

— Eh bien ! lui cria Gegout. Et Marthe ? Es-tu heureux ?

— Que trop ! gémit le rédacteur de l'*Égalité* en s'écroulant sur un siège.

Morès s'empâtait désespérément, lorsqu'il reçut une nouvelle électrique.

Étendu sur son lit de camp, il caressait un rêve

des plus agréables pour un antisémite. Son imagination voyageuse le transportait dans cette jungle indienne où il avait accompli de si beaux exploits cynégétiques : les eaux sacrées du Gange bouillonnaient parmi les lotus bleus et les nénufars; les banians touffus enchevêtraient leurs rameaux; çà et là, émergeant d'un broussaillis sombre, des palmiers déployaient leur panache émeraude. Cependant, un superbe veau, qui ressemblait à s'y méprendre à M. de Rothschild, s'acheminait à pas lents pour se désaltérer au grand fleuve. Les cornes de l'animal étaient d'or; ses yeux, ses dents, sa queue, ses sabots du même métal et les traces abondantes qu'il laissait de son passage, témoignaient d'un travail interne d'alchimie qui eût transporté les chercheurs de la pierre philosophale. Dans l'air tiède, passaient d'harmonieuses vibrations; une voix, — était-ce celle de Brahma, de Vichnou ou de la basse Boudouresque? — faisait, à intervalles, entendre le grand air :

« Le veau d'or est toujours debout ! »

Et le fleuve, les arbres, les plantes, les insectes, en un mot la nature entière, répétant en sourdine le refrain, s'associaient dans un hymne à la divinité capitaliste.

Très heureusement, Morès, lui, était là, sous la forme d'un gros tigre. Quoi d'étonnant à cela? L'Inde n'est-elle pas la terre classique de la métempsycose ! Cruel et affamé comme tout tigre qui se respecte, il lorgnait sournoisement l'autre quadrupède et s'en rapprochait en rampant sous les buissons. Autour de lui, des légions de moustiques sonnaient d'incessantes fanfares; les lianes épineuses lui épinglaient la peau jusqu'au sang; le soleil dardait ses rayons torrides : il se dégageait de tout cela une impression indéfinissable, une odeur fade de massacre qui fouettaient le fauve. Celui-ci prenait son élan, bondissait, retombait sur les massives épaules du veau sémitique qui, la nuque ouverte, chancelait et s'abattait dans un ruisseau rouge. Un cri immense, universel montait alors de la terre vers le ciel :

« Le veau d'or est dégommé ! »

. . . .

— Monsieur de Morès, fichez-moi le camp d'ici, fit une grosse voix.

Le prisonnier, arraché à son rêve, ouvrit les yeux : le gardien-chef était devant lui.

Homme aimable autant que le lui permettaient ses fonctions, Barthélemy nous avait accoutumés à des façons plus courtoises. Aussi, notre codétenu le regarda-t-il avec ébahissement; sa première pensée fut celle-ci : encore une tuile !

— Allons! allons! continua son interlocuteur qui, de plus en plus gourmé, rigide, inquiétant, se dressait à l'entrée du Grand-Tombeau comme le spectre de Banco devant Macbeth, dépêchez-vous : votre place n'est plus ici.

— Diable! se dit le marquis, je ne me trompais

pas. Il est survenu quelque chose de grave : on veut m'isoler, me mettre au secret.

— Vous m'entendez ?

— Mais, oui, j'entends, riposta-t-il avec humeur, agacé par les façons bourrues et inaccoutumées du gardien-chef. Cependant il me semble que...

— Rien ! rien ! je ne veux pas vous écouter. Préparez-vous, et vivement, à filer... vous êtes libre.

Libre !

Si bronzé que fût Morès, il n'en ressentit pas moins une joie profonde qu'il ne chercha pas à dissimuler. L'inaction, l'isolement auxquels il était condamné depuis soixante jours et que rendait plus amers le souvenir des grizzlys américains, des tigres bengalais, des meetings houleux et trépidants, minaient cette robuste nature tout assoiffée de mouvement.

— Je pars ! accourut-il nous annoncer.

Nous lui adressâmes nos sincères félicitations.

Mis en appétit par l'approche du plein air, Morès se fit servir par Goujon, que désespérait la perte d'un client si sérieux, un faisan de la plus belle taille, mets éminemment aristocratique, dont il ne resta bientôt qu'une carcasse nettoyée. Puis il classa ses papiers, boucla sa valise et distribua ses richesses superflues ou par trop encombrantes.

C'était une des consolations réservées aux détenus qui voyaient partir leurs amis : ils héritaient.

— Niclosse, à vous ma lampe ; puisse-t-elle vous faire oublier l'administration de la *Cocarde* qui néglige d'éclairer ! Gegout, je vous laisse ma grande cuvette en papier comprimé ; vous pourrez vous y baigner, y nager même et vous croire dans le lac de Genève...

— Dans le lac, hélas ! je n'y suis que trop, gémit celui-ci.

— Caillava, vous êtes homme de ménage ; prenez mon verre, mon saladier et cette salière. Malato, vous avez une correspondance volumineuse à entretenir et j'ai remarqué avec peine que vous employiez pour vos épîtres galantes des chiffons de papier qu'on refuserait dans un water-closet bien tenu ; je vous lègue une boîte de papier à lettres et d'enveloppes de luxe. Quant à l'alcool à brûler, au pétrole et aux bougies, j'espère que vous vous les distribuerez en hommes ayant élucidé les graves problèmes de la répartition sociale.

Sur ce, on appelait Morès pour le mettre en liberté. « Le chant du départ ! » commanda Niclosse. Et, tout en chantant, nous assistions notre heureux colocataire dans son déménagement qui s'opéra le mieux du monde, sauf pour un huilier brisé par Caillava et une lourde pile de volumes que Niclosse laissa choir du troisième étage. Mais, comme le fit judicieusement observer l'un des déménageurs, le mal n'était pas grand, car l'huilier appartenait à Goujon, et les bouquins à peine écornés se retrouvèrent au pied de l'escalier beaucoup plus vite que si on les eût descendus par les voies ordinaires.

L'instant de la séparation est arrivé :

— Adieu, marquis !

— Au revoir, compagnons !

Et nous sentons un vide en remontant dans nos cellules.

Un des plus intimes amis de Gegout rétablit l'effectif.

Trente ans, œil bleu, dents nacrées, teint rose — un ange dodu qui se serait coupé les ailes et laissé pousser la barbe; au moral, un épicurien très expert aux choses d'amour et, conséquemment, très apprécié; ayant, un matin qu'il s'était levé de bonne heure, accouché d'une vibrante chanson révolutionnaire, tel était Gérault-Richard, secrétaire de rédaction de *la Bataille* et boulangeophobe acharné.

— Huit jours de prison ! une bagatelle ! exclama son confrère de l'*Attaque;* le temps de reprendre des forces pour les nobles joutes de l'alcôve.

Malato, sans mot dire, contemplait le *nouveau* avec une satisfaction sournoise.

— Enfin ! pensait-il, je vais pouvoir liquider la situation. Il est infiniment mieux que moi : Laure ne balancera pas un seul instant.

Et, à l'heure tiède où les malades, accoudées à leur place habituelle, dans l'attitude classique des señoras andalouses, attendaient l'apparition quotidienne de leurs caballeros, l'anarchiste entraîna Gérault-Richard à la fenêtre, sous prétexte de lui faire admirer les coteaux bleuâtres de Montreuil se profilant au loin sur l'horizon sombre.

Du premier coup et avec la précision de l'aiguille aimantée se tournant vers le pôle, le regard béat du journaliste se fixa, non sur le panorama suburbain, mais sur la blonde modiste.

L'explosion fut immédiate :

— Qu'elle est belle !

Et, saisissant une de nos lorgnettes, il s'abîma dans une contemplation extatique.

— Adorable ! majestueuse comme Théodora — la vraie ! — un teint de lactate de rose ! un sourire à damner le Père Éternel, tout fourbu qu'il soit par l'âge ! Je la veux, il me la faut, elle sera à moi.

— Permettez..., interrompit Malato.

Explique qui peut les éternelles contradictions

du cœur humain ! Il aspirait à se tirer sans brutalité d'une situation épineuse et cependant, devant la prétention formelle de Gérault-Richard, il regimba. Tout au moins, trouvait-il que celui-ci eût pu y mettre plus de formes. Il voulait bien abandonner la place, mais avec les honneurs de la guerre, salué comme le magnanime dispensateur d'un trésor rare et non en rival évincé.

— Vous allez un peu vite, dit-il d'un ton paterne à son concurrent.

— Vite ou non, peu importe. D'ailleurs, je ne procède jamais que par coups de foudre. S'il y a un concurrent, mari ou amoureux, tant pis pour lui, je l'écraserai ou il m'écrasera.

— Ah ! c'est ainsi : eh bien, vous ne savez pas ce que vous perdez. Oui, il y a un concurrent et ce concurrent c'est moi ; j'étais disposé à faire votre bonheur mais, puisque vous l'entendez ainsi, je résisterai à outrance.

Ce ne fut qu'un éclair ; après cette virile déclaration, il se rappela ses intentions premières et capitula comme un simple général bonapartiste.

— Bah ! fit-il avec un soupir moitié de soulagement, moitié de regret, puisqu'elle vous plaît tant, prenez-la.

L'antiboulangiste n'avait pas attendu cette autorisation. Déjà, assis à sa table, il élucubrait une lettre passionnée. Cette lettre fut suivie de beaucoup d'autres, mais l'altière Laure ne crut pas devoir se prêter à une nouvelle situation. Comme par le passé, elle encouragea la flamme vacillante de son correspondant le premier en date, lui laissant entrevoir les plus séduisantes perspectives; puis, un matin, le docteur l'ayant déclarée guérie, elle partit et jamais plus nous ne reçûmes de ses nouvelles.

XIX

Une fournée de boulangistes

Caillava quitta Pélagie après l'arrivée de Gérault-Richard et, *différemment* de Zevaco, s'en fut droit au pays natal où le réclamaient des intérêts de famille.

Devenus les plus anciens habitants du pavillon, nous allâmes occuper le Salon de la Gomme, tout réjouis à l'idée de prendre possession des richesses artistiques (chromos et dessins) appendues au mur par les précédents locataires.

Il y avait surtout une grande affiche coloriée, prime du journal l'*Égalité*, qui représentait une fort belle femme, vêtue d'un simple peignoir mal agrafé; à la vérité, les idées folichonnes se réfrigéraient devant le glaive ensanglanté qu'elle tenait en mains, debout dans la fixité de l'idéal entrevu ; autour d'elle, des prolétaires des deux sexes et de professions différentes s'abandonnaient à une allégresse débordante. Cette affiche occupait la place d'honneur ; ailleurs, des croquis de Forain,

Villette, Caran d'Ache, représentant des scènes mondaines, militaires ou champêtres, assurément des moins subversives.

« Nous perdons le musée des suprêmes âneries, pensions-nous, mais nous en gagnons un plus riche : le Louvre après le Chat noir ! »

Nous éprouvâmes, hélas ! une déception. Par ordre supérieur, le gardien chargé de faire nettoyer la chambre, lacéra et enleva, en dépit de nos protestations, toutes les gravures qui la décoraient ; nous n'eûmes pas assez d'imprécations pour maudire ce vandale.

De ce jour data pour nous une nouvelle existence dans la prison. O influence du milieu sur les individus, proclamée par Darwin ! Dans notre Grande-Sibérie, mansarde perdue près du ciel, nous avions mené la vie insouciante et gaie, parfois orageuse, de bohèmes captifs. Au Salon de la Gomme — local obligé — nous eûmes une existence pondérée et morose ; plus rapprochés des appartements directoriaux, nous étions tenus à des éclats de voix moins bruyants. Bertha et Juliette se trouvaient plus près de nous, mais nous avions perdu l'excellent voisinage de la mère Mamelue.

Notre remplaçant à la Grande-Sibérie fut un socialiste jacobin, frais émoulu du séminaire, jeune homme maigre, pâle, aux yeux extraordinairement brillants, — type d'ascète, égaré dans un milieu matérialiste : Emile Couret, ex-rédacteur à l'*Égalité*, brouillé depuis avec ce journal, condamné en deux fois à vingt et un mois de prison pour publication d'articles incendiaires. Jugeant, non sans raison, qu'il était inutile de se laisser claquemurer, il avait quitté Paris le soir même de son second procès et gagné Bruxelles où, cinq mois durant, il mena la triste existence des proscrits pauvres. Un jour, à court de ressources, obsédé du souvenir de sa famille, il revint se constituer prisonnier.

Une distraction nouvelle : la musique, nous fut donnée. Les sœurs de Couret, qui rendaient de fréquentes visites au prisonnier, étaient des violonistes émérites ; elles arrivaient presque toujours,

portant sous le bras une longue boîte noire renfermant leur instrument. Tout en sourdine, pour ne pas réveiller l'autorité qui dormait, les jeunes femmes faisaient chanter leurs violons et des attendrissements fugitifs nous naissaient à entendre les airs tant de fois fredonnés en pleine liberté.

Le départ de Gérault-Richard nous laissa seuls avec Couret et Niclosse au Pavillon des Princes. Puis le quartier des politiques s'emplit de nouveau.

Un soir, attablés tous quatre, nous taillions philosophiquement un ramse, lorsque la porte s'ouvrit et livra passage à un gros homme blond et moustachu, d'environ trente-huit ans, dont la figure poupine était décomposée par l'émotion ; derrière lui se profilait la haute silhouette de Barthélemy.

— Ah! je respire, murmura l'inconnu en posant à terre une lourde valise et en se précipitant sur nos mains qu'il serra avec effusion. Je rencontre enfin des figures humaines! Vous ne pouvez croire ce que j'éprouvais à l'idée de rester seul entre quatre murs.

André Castelin, directeur de la *Cocarde* et député boulangiste, avait été condamné à quinze jours de prison pour article dans un journal tunisien et appréhendé entre deux sessions.— l'inviolabilité parlementaire cessant à ce moment.

Politique à part, c'était un excellent homme, serviable et d'un esprit cultivé; mais quelle mouche l'avait piqué de vouloir représenter au coin du quai d'Orsay les habitants de l'Aisne, au lieu de poursuivre, comme ingénieur, ses savantes explorations en Tunisie, où il ne se passait guère de mois sans qu'il découvrît les ruines d'une ville romaine?

Castelin, auquel directeur et gardiens donnaient du « monsieur le député » à bouche-que-veux-tu, fut enfermé provisoirement au Grand-Tombeau; mais, sur la demande de Couret qui, sujet à l'insomnie, supportait mal la solitude, il emménagea à la Grande-Sibérie.

Une espèce de géant quinquagénaire, taillé en hercule et tiré à quatre épingles, renforça notre contingent.

Achille Ballière, ex-communard et compagnon d'évasion d'Henri Rochefort, lors de sa fameuse fuite de Nouvelle-Calédonie, en 1874, avait politiqué dans les files radicales, puis, trouvant que la solution ne venait pas assez vite, s'était jeté dans le mouvement boulangiste. Maire à Clermont-Ferrant, il nouait connaissance avec le remuant général, sous le patronage duquel il se portait, sans succès, candidat aux élections législatives. Ballière était demeuré le communard de 71, politiqueur endurci bien qu'à froid, absolument étranger au mouvement économique qui emporte les prolétariats vers une refonte complète de la vie sociale.

Correct, aimable même dans ses relations, il n'en personnifiait pas moins le bourgeois qui, vivant en dehors du peuple et ne pouvant partager ni ses misères ni ses espérances, table sur la lutte des partis comme le joueur sur rouge ou noir au trente et quarante.

L'arrivée de Ballière remit sur le tapis la Nouvelle-Calédonie : — Avez-vous connu, Malato, cette petite *popinée*, Déga, qui assistait tous les dimanches, en peignoir grenat, à la fanfare des transportés ? — Vous rappelez-vous, Ballière, ce forçat libéré qui troqua sa légitime pour une paire de bottes ? Il est vrai que les chaussures étaient plus neuves que la femme. — Et Combo, ce chef canaque dans les poches duquel on retrouva, sous forme de tablettes séchées, les restes d'une femme indigène brusquement disparue ? — Et cet autre grand chef, Gélima, dont nous avons vu le fils, Pita, à l'Exposition de 1889 ? ce qu'il a vieilli, ce moricaud que j'ai connu gamin ! — Et les trucs de ce directeur de l'Administration pénitentiaire qui, d'accord avec l'épicier Roland, refusait comme impotables des vins expédiés de France, qu'il abandonnait à vil prix audit commerçant, lequel les revendait ensuite à l'administration ?

Des critiques de détail à celles d'ensemble, des attaques contre les individus à celles contre le système tout entier, il n'y avait qu'un pas : on le franchissait et, soudain, on se trouvait lancé en pleine politique, et les tempêtes théoriques, un moment assoupies, recommençaient.

Ballière secouait sa froideur dédaigneuse sur les idéologues perdus dans leurs abstractions. Gégout exprimait son mépris pour les aventuriers de la

politique, pêcheurs de situations en eau trouble et exploiteurs de la naïveté populaire. Castelin, d'une érudition très classique, soutenait que l'on ne pouvait plus obtenir de réformes sociales que par voie de pronunciamentos et, à l'appui de cette assertion, citait Marius, Catilina, César. Malato qui, parmi ses coreligionnaires, avait toujours combattu les tendances métaphysiques, perdait son impassibilité lorsque en bloc ils étaient traités d'abstracteurs de quintessences.

— Non! vociférait-il en soulageant sa colère sur le matériel de l'établissement, nous ne sommes point les pontifiants révélateurs d'une religion nouvelle : plus de dogmes! l'anarchie n'est point un catéchisme, mais une situation vers laquelle nous nous acheminons d'une façon inéluctable. Est-ce que, au fur et à mesure des progrès, les branches de l'activité humaine ne deviennent pas si variées, si complexes que toutes tendent à acquérir leur complète autonomie? Quel est donc le législateur prodigieux apte à traiter les questions d'agriculture, d'hygiène, de travaux publics, de navigation, de pédagogie, de beaux-arts aussi bien que les cultivateurs, les médecins, les ingénieurs, les marins, les savants, les artistes? Tout se spécialise, et cette décentralisation nous mène à la suppression du pouvoir gouvernemental : il n'est pas jusqu'à cette science affreuse, la guerre, qui, subissant l'évolution générale, ne tende à revêtir un caractère anarchiste. Croyez-vous, par exemple, que la discipline, l'alignement et la vieille tactique tiendront longtemps contre les modernes machines à tuer? Allons donc! le combat en ordre profond, hiérarchiquement ordonné, a vécu : place à l'initiative des petites unités tactiques, à l'autonomie de plus en plus grande du combattant!

Sur ce, Ballière, attaché au ministère de la guerre sous la Commune, hochait la tête sans se prononcer, et Castelin intervenait : « Le général Boulanger a creusé toutes ces questions, nous déclarait-il péremptoirement : il s'est rendu compte de l'immense besoin de décentralisation qui travaille les masses françaises et c'est surtout pour réaliser ce desideratum qu'il a recherché le pouvoir, de même que nous, députés révisionnistes, ne sommes entrés au Parlement que pour saper le parlementarisme. Vous avez donc tort de vous défier de nous et de nous combattre; laissez-nous faire : pour arriver à votre but plus élevé, mais autrement éloigné que le nôtre, nous sommes les pionniers de la première étape.

— Fichus pionniers! reprenait Gegout qui, dans l'*Attaque*, avait mené une rude campagne contre le socialisme à faux nez de la boulange.

Bientôt un huitième prisonnier fut annoncé à l'horizon : Maës, ci-devant secrétaire de rédaction à la *Cocarde*. C'était du renfort pour les boulangistes, mais, entre l'arrivée de Castelin et celle de Maës, il se passa quelques scènes comiques dont nous ne devons pas priver le lecteur.

XX

Le sous-préfet de Falaise.

— Monsieur! Monsieur! nous chuchote l'auxiliaire en ramassant les mégots épars dans la pièce, savez-vous la nouvelle? Il va y avoir tantôt une inspection.

Une inspection! C'est donc pour cela que, depuis la veille on lave partout à grande eau, que, dans l'escalier, des nuées de balais menaçants s'agitent, que les escouades de *droits-communs*, employés au nettoyage sous la surveillance d'un gardien, emplissent la cour du traînement de leurs lourds sabots. On est prévenu à l'avance, comme le veut l'usage, et quand le ou les personnages attendus arriveront, sauf pour les bâtisses, piteusement délabrées et dont on ne pourra leur épargner la vue, ils trouveront tout en le meilleur état du monde :

le vin sera bon, le pain presque blanc, le bœuf mangeable et le bouillon aura des yeux.

En effet, lorsque l'aide-cuisinier nous apporte le repas du matin, nous nous extasions devant un bouilli cuit à point et presque suffisant : jamais nous n'avons été si bien servis.

Qui passera l'inspection ? un fonctionnaire du service des prisons ou un conseiller municipal, — car nos édiles ont droit de contrôle sur les immeubles de la ville ? Au fond, nous nous en soucions peu : les élus de la population parisienne, démocrates à panache cramoisi pour la plupart, pourraient montrer quelque indépendance mais, contempteurs de tous les pouvoirs publics, nous n'irons pas gémir nos doléances à ces ex-révolutionnaires embourgeoisés.

C'est une commission de conseillers municipaux

qui arrive dans l'après-midi. Ils sont là, tous les

farouches d'antan, et vraiment ils n'en mènent pas large devant le képi galonné du directeur. Ce képi représente l'État planant au-dessus des élus du suffrage universel qui attendent à l'Hôtel de ville la correspondance pour le Palais Bourbon. Gouvernants en expectative, ils regardent de tous leurs yeux le majestueux Patin et apprennent comment il faut se tenir quand on a un pied dans les grandeurs.

— C'est le quatrième État qui passe! murmure Gegout en les voyant défiler dans l'escalier à la queue leu leu derrière le maître de céans.

Eux-mêmes semblent mal à l'aise : l'un est resté dans le cabinet directorial, — singulière façon d'inspecter! — Les autres s'égrènent un peu partout dans les chambres des détenus; loin du fonctionnaire galonné, ils reprennent quelque assurance : le plus âgé gourmande Couret de son révolutionnarisme intempestif : — « Ce n'est pas en sapant les bases de tout ordre social qu'on arrive à la fortune et à la considération des honnêtes gens. » — Trêve de sermons! réplique notre camarade, je n'ai pas quitté le séminaire pour subir vos exhortations. » Un autre entame une conversation moins brûlante avec la femme d'un détenu et, avec une compétence que lui envieraient bien des ménagères, disserte soupe au choux, pot-au-feu et veau aux carottes; un possibiliste, bon enfant, offre des cigares.

Mais Patin reparaît : les traînards rentrent dans le rang et, doucement, le cortège officiel s'en retourne. L'âme réjouie, les descendants d'Etienne Marcel vont siroter leur apéritif avec la conscience d'avoir agi au mieux des intérêts populaires.

Le soir, bien entendu, l'administration est sur la sellette. « Ça marchait tout de même bien mieux sous la Commune! » soupire Ballière. Et Couret, qui est notre compagnon depuis trop peu de temps pour connaître à fond nos aventures françaises ou exotiques, de demander : « Allons, Gegout, vous qui avez connu les grandeurs et représenté parmi d'honnêtes populations provinciales l'État que vous combattez aujourd'hui, narrez-nous votre vie de sous-préfet. »

— *O gioventù! primavera della vita!* soupire l'ancien délégué de la place Beauvau. Puisse ce récit, mes fils, vous inspirer de salutaires réflexions sur le néant des glorioles humaines!

Le regard noyé dans ses souvenirs, il commence :

« — Un des premiers matins de janvier mil huit cent quatre-vingt, le vieux grigou de père Grévy, assis gravement dans son cabinet présidentiel de l'Élysée, s'adressa ainsi à celui qui fut passagèrement mon beau-père — car vous saurez que j'eus l'heur d'être marié et la sagesse de redevenir garçon après avoir constaté que je n'étais pas fait pour perpétuer les saintes et saines traditions du mariage.

« — Voyons, mon cher ami, qu'allons-nous faire de votre gendre. On m'en a dit le plus grand bien. Si je le casais dans la diplomatie?

« — Je ne crois pas que la carrière diplomatique lui sourie beaucoup, répondit l'excellent homme, législateur alors, dont j'ai dû empoisonner le bonheur paternel. Il n'a pas le tempérament qui convient à l'emploi ; il connaît peu les façons de Cour, et puis... il y a quelques maculatures sur son casier judiciaire.

« — Ah ! diable !

« — Oh ! des peccadilles, de simples correctionnelles, dont une sous le Seize-Mai, pour avoir traité de vieille bourrique un président de tribunal.

« — Ce sont là des écarts de langage très regrettables, qui dénotent une absence de pondération ; or tout diplomate doit être pondéré. Que diriez-vous d'une recette particulière ? Dans quelques années, lorsqu'il aura acquis de l'expérience, je lui confierai une perception à Paris : 30,000 francs par an, pas ou peu de travail et, si l'on a un intelligent fondé de pouvoirs, aucune responsabilité. N'est-ce pas gentil ? C'est au reste ce que je réserve à Fourneret.

« — ... Sans avoir été prodigue, mon gendre n'a jamais su compter et sa famille l'a pourvu, autrefois, d'un conseil.

« — Elle a sagement agi. Je commence à craindre, mon cher compatriote, que vous n'ayez plus tard quelque mécompte avec votre gendre.

« — Vous êtes excessif. Wilson fut interdit et n'est-il pas aujourd'hui le membre le plus compétent de la Commission du budget et l'une des rares intégrités de la Chambre ?

« — C'est une merveilleuse exception que ma perspicacité avait prévue. Wilson, croyez-m'en, de viendra l'homme indispensable du gouvernement. Quant à votre gendre, je froisserais l'opinion et inquiéterais les contribuables en lui confiant les deniers publics. Je ne vois plus qu'un débouché : puisqu'il a quelques notions de droit — à la rigueur même, cela n'est pas indispensable — je vais l'envoyer dans une sous-préfecture.

Ainsi se cuisinait ma destinée sans que je m'en préoccupasse le moins du monde.

Le 12 du même mois, comme je rentrais à la maison, le concierge me prévint qu'un municipal à cheval venait d'apporter un pli cacheté à mon adresse.

« Encore un souvenir de la magistrature ! » pensais-je en grimpant l'escalier.

A peine avais-je ouvert la porte que ma femme me cria :

« — Ernest, tu l'es !

« — Je le suis !... quoi ?...

« — Sous-préfet de Falaise !

« — Ah ! merci, viens que je t'embrasse.

Ce fut une joie générale. Grévy avait ménagé ma susceptibilité en ne m'attribuant pas de « services exceptionnels ». J'envoyai des télégrammes partout, même à des gens que je ne connaissais pas ; j'entrai dans vingt cafés pour relire l'*Officiel*.

« — Pensez-vous qu'il soit nécessaire que j'aille remercier le Président ? demandais-je aux miens.

« — Non. Bien que vous lui soyez très sympathique, il vaut mieux que vous nous laissiez cette corvée. Grévy possède au plus haut degré l'estime de soi ; vous, vous n'avez pas la bosse de la vénération : l'entrevue pourrait être pénible.

« — Je n'insiste pas. Vous lui direz cependant que je saurai reconnaître dignement ses bontés.

Des lettres m'arrivèrent à foison : gerbes de fleurs que je me passai sous le nez avec une pointe de fierté. J'y trouvai une ou deux épines, déposées traîtreusement par des jaloux.

« Nous avons craint pendant longtemps que tu
« ne déshonorasses notre nom, m'écrivait mon
« cousin le substitut, surnommé *Queue de Vache*, à
« cause de la couleur de son poil et du balance-
« ment de ses opinions. Grâce à l'influence de ta
« nouvelle famille, te voilà sur la bonne voie ! »

Les sœurs de mon père pleurèrent :

« Le bon Dieu, exauçant nos prières, t'a enfin
« béni, mon enfant. Ne le persécute plus à l'ave-
« nir ! »

Je leur répondis :

« Le gouvernement dont je suis le représentant
« est des plus pacifiques. Envoyez-moi deux mille
« francs pour payer l'uniforme qui rassurera les
« bons et inspirera de salutaires terreurs aux mé-
« chants. »

L'uniforme, c'était mon idée fixe. Je le comman-
dai tout de suite chez le meilleur costumier :
tunique courte sanglant bien, pantalon à la chass'
d'Af', képi de la hauteur d'un premier étage. L'épée,
seule, ne me souriait pas ; j'eusse préféré un sabre.
Ainsi accoutré, je ressemblais à un général blan-

quiste ; malheureusement, je ne pouvais descendre dans la rue.

***

Un matin, sur l'ordre du ministre, je partis pour la petite ville normande qu'ont illustrée à des titres divers, mais également glorieux, Guillaume le Conquérant et les fabricants de bonnets de coton. J'avais précieusement enfermé mon uniforme dans ma valise et enveloppé dans un fourreau de serge verte l'insigne de mon protectorat.

Quand je débarquai à Falaise, j'avais plutôt l'air d'un maître d'armes sur le trimard que du premier fonctionnaire de la cité. Personne ne me salua. Je ne m'en formalisai pas.

J'oubliais de dire que je m'étais arrêté, entre deux trains, à Caen, pour voir mon préfet — un monsieur bilieux, rhumatisant et atrabilaire, — sa femme me reçut gracieusement ; lui me fit une gueule ! On ne saurait avoir la prétention de séduire tout le monde.

La vieille portière ayant jasé, le lendemain je fus assailli, de l'aube au couchant, par des gens qui voulaient à toute force m'exprimer leurs sincères félicitations : conseillers généraux, d'arrondissement, maires, etc., tous individuellement, et chacun avec l'espoir d'arriver bon premier. La magistrature s'abstint. Toujours la lutte des prérogatives! Puis ce fut la police. Je la reçus très froidement, même avec une sorte de gêne que l'on imputa à une extrême délicatesse. Je croyais, enfin, être débarrassé de tous ces raseurs lorsqu'on m'annonça le lieutenant de gendarmerie.

« — Faites entrer! dis-je avec calme. »

Apoplectiquement rouge et gonflé dans son uniforme comme un Godard captif, le représentant de la maréchaussée se présenta la main droite au képi, l'autre dans le rang. A sa vue, je faillis tomber les quatre fers en l'air. Quelle tuile!

« — Toi! Ah! elle est bonne, celle-là! Laisse-moi me dégonfler. »

Il déposa son ceinturon, s'assit à mon côté, me tapa sur la cuisse et ajouta:

« — Pas possible, tu as volé la place à un autre! Constans ne trouvait donc plus personne dans son sous-secrétariat, qu'il t'a pris, toi, pilier de prison?

« — Ne parle pas si fort, tu vas me compromettre. »

Nous noyâmes mes aveux dans plusieurs litres de vin blanc.

J'avais été le frère d'armes de ce ramollot et commis, avec lui, pas mal de crimes à l'école de cavalerie de Saumur.

« — Tu me promets le secret, n'est-ce pas?.

« — Je le jure ! »

Je respirai. Néanmoins, cette première promiscuité troubla mon rêve de quiétude et rida ma conscience sous-préfectorale... Je m'empressai d'interdire ma porte à toute la racaille administrative et de répondre, au commissaire de police qui me demandait mes ordres d'aller les prendre, désormais, aux cinq cent mille diables.

Vint l'époque du tirage au sort, période de liesse et de bamboches. Je courus les cantons, précédé par la gendarmerie, ce qui changeait mes habitudes. Mon bel uniforme impressionnait les populations.

« — C'est bien, mes amis, reposez-vous, disais-je humainement aux pandores disposés en rangs d'oignons devant les mairies, lorsqu'ils me présentaient les armes. »

Puis aux jeunes conscrits : — « N'oubliez pas, mes enfants, que, mourir pour la patrie, est le sort le plus beau, le plus digne d'envie ! »

Le cidre était la seule chose qui me fût désagréable. A chaque instant, je laissais de mon prestige derrière les haies, sous les regards vigilants mais toujours respectueux de la force armée.

« — Vous vous y ferez », ne cessait-on de me répéter.

En attendant, il me défaisait, le bougre! C'est

durant un de ces moments qu'un maire d'opinions adverses me traita avec légèreté ; je ripostai avec lourdeur. Ce que les journaux m'éreintèrent !...

« Jusqu'à présent, nos sous-préfets se conten-
« taient de taper dans l'œil du beau sexe ; M. Ge-
« gout, hardi novateur, vient de taper dans le nez
« de ses administrés, etc. »

Le jour de la clôture du tirage, je perdis, avec les derniers lambeaux de mon autorité, la considération des bourgeois. C'était je ne sais plus où, ni chez qui, à la fin d'un repas de gala donné en mon honneur aux influences les plus considérables de l'arrondissement. J'étais placé entre le curé cantonal et la maîtresse de la maison. On buvait sec, on parlait avec abondance. Pour être plus à l'aise, j'avais déboutonné ma tunique. Mes arguments contre l'organisation militaire, contre la férocité de la discipline partaient comme des pétards, stupéfiaient les convives et faisaient frémir la vaisselle.

Tout à coup, sous la crépitante influence du champagne, je criai au prédicant qui, timidement, réfutait mon argumentation : « Tais-toi, vieux bonze, tu dérailles !... » Le brave homme faillit avaler sa cuiller à crème, chacun tomba le nez dans son assiette, un funèbre silence nous enveloppa tous. On se sépara, très froids.

Nous ne devions plus nous revoir.

Mes tournées terminées, je me mis fiévreusement au travail, et, pour ne pas perdre de temps, je m'abstins de répondre aux lettres indiscrètes du préfet. Je reçus en huit jours plus de quatre cents dénonciations, suppliques, rapports de police, demandes de bureaux de tabac et propositions peu honnêtes, que je mis au panier. Je refusai même d'accorder un permis de chasse aux lapins que me réclamait un vertueux inspecteur des forêts.

Avide d'émotions violentes, je projetai de recevoir officiellement mes fonctionnaires. J'écrivis à ma femme : « Amène-toi avec ton piano, ça mettra un peu de gaieté dans la cassine. »

Mais elle avait des pressentiments; elle ne vint pas.

Chaque soir, en me couchant, je constatais, avec tristesse, qu'il fallait être bien bête pour ne pouvoir faire un sous-préfet.

Ce métier-là dura vingt-huit jours. Le vingt-neuvième, le Conseil général ayant refusé de faire réparer le toit de ma baraque, dans laquelle il pleuvait comme en plein champ, et nettoyer mon sommier maculé par les débauches de mes devanciers, je filai sur Paris sans tambour ni trompette, renonçant pour toujours à la Gloire et à ses pompes. Ce ne fut que six semaines après, à l'arrivée de mon successeur, que les Normands s'aperçurent de mon absence !

Démissionnaire, je reperdis l'estime des honnêtes gens; je m'en consolai en songeant qu'à aucune époque de leur histoire les gars de Falaise n'avaient joui d'un bonheur aussi parfait que sous mon Protectorat : j'avais muselé le clergé, la police, les fonctionnaires, la municipalité; j'avais rompu toutes relations avec la préfecture, cessé toute communication avec le ministère. Mes administrés vivaient librement, en paix, trouvant la joie dans leur famille... ou ailleurs. L'âge d'or !

Deux mois après ma démission, le Trésor constata qu'il m'avait alloué, par erreur, le traitement afférent à la seconde classe de ma fonction et me réclama 166 fr. 66. Je rendis l'argent.

De ces temps jeunes, il ne me reste plus que le bel uniforme grâce auquel, une fois dans ma vie, je sus m'imposer à l'admiration de la maréchaussée.

Le conteur se tait.

— Vous n'avez pas essayé de vendre la défroque ? s'enquit Couret que le récit de ces gloires intéressait sans pourtant l'émouvoir.

— Vingt fois et vainement. D'abord, je l'ai offerte à quelques anciens collègues qui l'acceptèrent mais à crédit. Cette condition *sine qua non* équivalait à une perte sèche — je connaissais la corporation — je refusai. Je m'adressai au Temple, on m'y prit pour un roussin retraité et je faillis être écharpé. Découragé, j'ensevelis mes lauriers dans le poivre, au fond d'une malle, et jamais ils n'eussent revu la lumière des cieux, si, un jour de Mardi-Gras, il y a deux ans, Léonie, qui voulait à tout prix que je la conduisisse au bal masqué de l'Opéra, ne m'avait réclamé un costume de circonstance. Je la couvris de mes reliques, lui ceignis l'épée à la poignée nacrée, aux fastueux glands d'argent, et nous partîmes. Sur notre route, les

sergents de ville, respectueux des broderies, saluaient avec un empressement réglementaire ma compagne, qu'à l'incertaine lueur des réverbères, ils prenaient pour un officier de paix. Soudain, sur la place de la Trinité, un malencontreux coup de vent enleva le képi officiel et déroula les nattes de cheveux du sous-préfet d'occase. Un agent, deux agents, une fourmillière d'agents et je crois même plusieurs pompiers de la caserne de la rue Blanche s'abattirent sur nous, nous conduisirent au poste où le brigadier cruel ne voulut rien entendre. Le guet éternua toute la nuit : juste châtiment des tracasseries policières. L'affaire n'eut pas de suite, grâce à l'extraordinaire intelligence du commissaire de police.

XXI

Martyrs d'amour.

ASTELIN, plein de jeunesse et de santé, recevait la visite d'une gracieuse et jolie femme qu'unissaient à lui les liens indissolubles et sacrés du mariage religieux, car le député boulangiste, en logique partisan d'un clergé national, avait à la sortie de la mairie appelé les bénédictions du ciel sur son union. Aussi, le dieu d'Abraham, de Drumont et de Lavigerie l'avait-il fécondée.

Castelin était père. Loin de son enfant, ses sentiments paternels en souffrance gonflaient démesurément son cœur et cet emmagasinement de tendresses faillit, ainsi qu'on va le voir, lui devenir fatal.

Eh ! oui, ce blond Castelin, ce gentil poupinet de l'amour légal, allait chercher bientôt un exutoire par lequel s'évaporeraient les ébullitions de ses ultimes besoins.

N'osant, comme le vertueux et méthodique Tristam Shandy, remonter régulièrement l'horloge conjugale, dans le voisinage de codétenus à la recherche de situations tendues, il souffrait abominablement, devenait si malheureux qu'il bedonnait à vue d'œil, s'engorgeait, devenait apoplectique, ne dormait plus ou continuait à faire en dormant des rêves fort incongrus et douloureux quoique très naturels.

— Prenez donc des douches, lui insinua Gegout, un matin, à la suite d'un réveil désastreux — le désastre provenait du rêve — ça vous remettra dans l'axe. J'en use depuis six mois et je m'en trouve bien.

— Est-ce que... vous aussi...? questionna naïvement l'homme politique.

— Je vous crois, mon gros. Je ne suis pas en bois de charpente, je suppose.

— Je comprends! répliqua Castelin, en tendant la main à l'interlocuteur qui la serra longuement. Nous sommes dans le même cas.

— Oui, mais le mien est complexe; j'ai la gale.

— Farceur !

— Et une gale de première qualité, ramassée dans les couloirs du Dépôt, en coudoyant Foudamour et Fanfan Largume, les deux plus jolis *dos* de la Villette; je la traite sans succès jusqu'à ce jour.

— Pas de blague, dites donc ! repartit Castelin, qui retira sa main avec effroi, redoutant, dans sa vanité d'élu, s'il venait à être contaminé, que la France entière ne fût obligé de se gratter.

Il ne prit pas de bain ; son martyre s'accentua. Quand, par ces langoureuses soirées de fin d'été, les petites minettes miaulaient les litanies de leur cœur sous les gouttières des toitures voisines, quand jeunes et vieux matous, la queue en trompette, faisaient chorus avec elles, Castelin, lui, subissant la loi commune, poussait des soupirs à faire dérailler des wagons de bœufs et se tortillait sous l'ardent brasier de ses désirs inavoués comme s'il avait eu quatorze douzaines de clous de girofle dans le rectum.

L'antiparlementaire se faisait alors un malin plaisir d'augmenter sa souffrance en lui serinant ses théories sur l'amour, qu'il outrait à dessein :

— Regardez donc là-bas, aux fenêtres de l'hospice, ces jolies enfants qui nous sourient. Ce sont les féales servantes de l'amour, non de celui que les sots ont réglementé, mais de l'amour libre, c'est-à-dire expurgé du mari et de l'amant, ces gêneurs, n'en déplaisent aux pharisiens du mariage et du collage. Souriez à ces déesses, vous ferez trêve à vos maux et, qui sait ! le sourire est une semence qui fait lever bien des choses...

— Mais vous oubliez que je suis marié ?

— Hein ?

— Jamais, jamais, je vous en donne ma parole...

— De député ?

— Non, l'autre... je ne suis encore sorti de l'étroit sentier conjugal.

— Moi, je lui ai toujours préféré les grandes routes d'où l'œil peut se réjouir d'horizons nouveaux, de rencontres pittoresques et inattendues, répliquait le tentateur.

— Mais... les convenances?

— Et la liberté, qu'en faites-vous, ô continuateur des géants de Quatre-vingt-treize et des audacieux barbus de Quarante-huit ? Est-ce que le mariage vous a confit à ce point ? Oubliez-vous que l'exclusivisme des sentiments est la négation des maximes socialistes? Les convenances! ce ne sont, en pareil cas, que des palissades servant à garantir la propriété sexuelle. Or, pour les choses d'amour, vous n'êtes pas un sujet des plus suggestifs, mon cher, calmez donc les susceptibilités de votre conscience maritale, et coupez vos chaînes.

— Si toutes les femmes suivaient votre conseil, ce serait du propre !

Gegout, enfourchant son dada favori, poussa une charge furieuse contre les vieux *us* sociaux :

— Naïf! jamais la peur d'être cocu n'a garanti nul chef, et le droit de propriété sur qui que ce soit est aussi prétentieux que condamnable. Vous êtes partisan, m'avez-vous dit, de l'expropriation capitaliste, pourquoi donc renâclez-vous devant la désindividualisation de la femme?

La vieille société, qui sombrera avec le siècle,

honore le mariage, tolère le collage discret et traite l'amour libre de prostitution et de chiennerie.

Voici le mariage :

Un accouplement d'égoïsme et de vils intérêts, puis le plus souvent d'êtres n'ayant ni mêmes goûts, ni mêmes besoins, ni même caractère, ni même tempérament.

L'un aime la soupe au fromage, l'autre la préfère au boudin.

L'une aime les chiens, l'autre les chats.

L'un s'est vendu pour un sac d'écus, l'autre pour se débarrasser de la tutelle familiale.

Parfois, le mariage est moins sale, mais tout aussi bête : parce que, certain jour, sous le chaud soleil qui fait sourire toutes les lèvres, un beau et franc luron a mis au ventre de sa préférée de la graine humaine, parce qu'il y a poussé ensuite autre chose que des boutons de roses et que la belle a eu peur de perdre — avec le reste — la considération de l'entourage. Des foutaises !

Viennent les séances conjugales et ça tourne à la scie. Toujours le même fourbi, alors on bâille rêveusement auprès du chat de la maison, lequel bâille à son tour devant le mou quotidien.

Et l'habitude grise et morose s'assied au foyer. On se regarde en potiches japonaises. On constate qu'on sent mauvais parfois, qu'au lit on a des transpirations gênantes — « Lucien, ôte donc tes pieds. » — ou des respirations trop bruyantes — « Nini, nous ne mangerons plus de flageolets le soir ! » — On se détaille froidement, on ne se retrouve plus, on ne remarque qu'un tas de petites choses qui désarment l'amour, et Cupidon, l'arc débandé, se borne à attraper des mouches !

Dans ces conditions, aussi particulières que générales, il naît de jolis produits sans queue ni tête, qui deviennent de complets crétins aptes à éterniser les coutumes matrimoniales.

Castelin, en ouïssant de telles choses, restait bouche bée comme une carpe en face d'un livarot.

L'autre, sans tenir compte de ses ébahissements, reprenait :

— Le collage, c'est le même tableau avec plus d'hypocrisie encore.

— La femme mariée qui trompe son mari a une excuse : la révolte naturelle contre l'autorité conjugale sanctionnée et garantie par la loi. La femme collée n'en a pas. Elle ne feint d'être fidèle que par intérêt ou lâcheté : les deux seuls anneaux de la chaîne... harmonique !

— Je vous vois venir, gémit le législateur en élevant au-dessus de sa tête ses petites mains grassouillettes et blanches, ce que vous voulez, malheureux ! c'est que les êtres reviennent à l'état primitif et s'accouplent comme les chiens dans la rue.

— Que de clodoches ont laissé tomber cette bourde de leur cervelle en perlimpimpin ! Je ne crois pas qu'aux temps primitifs les êtres aient jamais pratiqué l'amour libre — lequel résulte du consentement mutuel. — N'ayant conscience que de sa force, ne subissant d'autres lois que celles de ses besoins, l'être préhistorique — tout comme le bourgeois d'aujourd'hui, chez lui, et le chien dans la rue — a toujours abusé du plus faible que lui.

La chienne a souvent mordu ; presque toujours la femme s'est résignée. Louable résultat de la civilisation !

L'amour libre que nous enseignons et pratiquons est essentiellement anarchique. C'est une nécessité sociale à laquelle nul, plus tard, ne saura se soustraire. C'est le remède contre tous les préjugés qui assaillent notre pauvre intellect et contre les maux qui endolorissent notre carcasse. Il nous délivrera de la famille actuelle, il nous affranchira du joug conjugal, il réhabilitera la femme, il agrandira le rayon de nos sentiments affectifs, il fera naître des générations fortes et belles en facilitant les attractions et les relations des sexes, en donnant aux sens, aux goûts, aux besoins et aux tempéraments le choix et la multiplicité des satisfactions.

Voyons, Castelin, pour le triomphe d'une idée juste et émancipatrice, l'écrasement d'un préjugé, vous ne sauriez reculer. Pas de scrupules ! portez le brandon de la révolution dans chaque alcôve, à commencer par la vôtre. Lorsqu'on veut affranchir l'Humanité, il faut d'abord avoir le courage de s'affranchir soi-même.

Et le révolté s'en allait en fredonnant le couplet grivois et si populaire :

> La femm' mariée dans son ménage,
> Ça sent toujours le vieux fromage.

. . . .

— Non, je n'en puis plus, c'est un martyre! avoua Castelin le neuvième jour de sa détention.

Un soleil démoniaque caressait les couvertures sous lesquelles cet enfant du Nord fondait comme un sorbet au four. Il se jeta en bas du lit et, pour la vingtième fois au moins depuis la pâlissante aurore, plongea ses tendres charnuosités dans un *tub* aux dimensions cyclopéennes.

— Ouf! mes enfants, que c'est bon! que c'est donc bon! murmura-t-il rasséréné, dans l'accompagnement des petits glouglous de l'eau pénétrante.

— Oh! oh! une nouvelle gigolette, cria de la fenêtre l'ex-sous-diacre Couret.

— Encore! fit l'ondoyé, dont la tête et les pieds

émergeaient seuls de la bienfaisante cuvelette anglaise.

Castelin était fort bas-du-cul, en effet.

Quand il se sentit présentable, il sortit du bain de siège et accourut de toute la vitesse de ses courts jambonnets.

De Pélagie à la Pitié, il y eut un steeple-chase de bécots.

— Prends-les, tiens, en voilà! encore! ma louloute, ma bibiche, ma raratte! et les doigts roses du député effeuillaient dans l'espace tous les baisers de ses lèvres aphrodisiées.

— Calmez-vous donc, lui dit Malato, le fruit est réjouissant à l'œil et sera digne du palais d'un gourmet, mais attendez, au moins, qu'il soit mûr; il semble encore rivé à la branche maternelle.

— Elle est purpurine et magnétique; j'en ai des petites secousses.....

— Voyons, ne restez pas ainsi à la fenêtre, soyez raisonnable, ça vous épuise.

Mais le bouillant boulangiste n'entendait rien. Le sang bourdonnait à ses oreilles, gonflait ses paupières, injectait ses yeux, envahissait sa nuque : une catastrophe était imminente.

— Patron! patron! voici votre femme qui monte l'escalier, annonça le gérant de la *Cocarde*, toujours dévoué.

— Cré nom de nom! qu'est-ce qu'elle vient foutre à cette heure? bougonna le mari qui referma la fenêtre et replongea dans le bassin le brandon de l'infidélité.

Celle qui avait exalté ses sens au superlatif et qu'il appelait avec une égrillarde douceur sa raratte, sa bibiche, sa louloute était une brune enfant cascadant avec un diabolique entrain sur les confins de sa quinzième année. Pour du chien, elle en avait tant et tant qu'il ne lui en manquait que la queue, affirmait Gegout.

Cette assertion faisait sourire Castelin qui jurait de combler, sous peu, cette lacune.

Le télégraphe optique révéla bientôt le nom de cette jeunesse, mademoiselle Emilienne Pâtissier, salle Valleix, lit n° 4.

Pâtissier ! ô loi mystérieuse et divine de la coïncidence ! Pâtissier... ce trio syllabique glissait comme du feuilleté sur la langue du boulangiste chaud comme braise.

— Maintenant, ça y est, opina Niclosse, il n'y a plus qu'à allumer le four !

Sur-le-champ, Castelin prit une plume et, le front dans la senestre, songea.

Le thermomètre marquait vingt-cinq degrés à l'ombre, de larges gouttes de sueur perlaient aux tempes de l'amoureux dont le cerveau se liquéfiait. Un silence profond favorisait, en vain, l'accouchement de ses confuses et libidineuses pensées.

— Ça ne vient pas, gémit-il, désespérément.
— Alors faites-la venir, conseilla quelqu'un.
— Vous êtes fou.

Mais il eut un jet subit :

« Emilienne,

« Tu es plus belle que les filles de Lycomède et

que les femmes de Sidon (aujourd'hui Saïda). Je voudrais, comme les chevaux de Diomède qui se nourrissaient de chair humaine, me repaître de la tienne ou, comme Josué, qui figea autrefois le soleil dans un coin de l'horizon, gélatiné mon image au fin fond de ton être savoureux et jeunet.

« Parle, enfant, que veux-tu? L'étoile de mon Général? je la piquerai dans la sombre broussaille de tes cheveux, et, sur ta gorge où de naissantes mamelles partagent mes désirs, je ferai couler un Mississipi de volupté; j'envelopperai — sacrilège bien doux!... ta croupe aux lignes suggestives dans les plis sacrés du drapeau du Parti national, dont la *Cocarde* est le cercueil...

Il en mit plus encore, fut tendre, toujours d'une tendresse très littéraire.

Quand il eut fini :

— Passez-moi la plume, dit Niclosse, je veux signer.

— Et pourquoi?

— Ne suis-je pas votre gérant fidèle?

— Niclosse, vous êtes admirable de dévouement!

Le prudent épistolier tendit la plume à son féal, lequel pour la circonstance reprit ses fonctions, en murmurant :

— Il ne faut pas que le nom d'un représentant du peuple soit profané par des lèvres inconnues.

Précaution inutile : nous révélions traîtreusement à la petite gigolette le véritable nom et la brillante situation de son admirateur, lequel, obéissant à des considérations diplomatiques de la plus haute portée, n'avait pas osé livrer le secret de son cœur aux commentaires du Cabinet noir. Nous ajoutions en post-scriptum qu'un coupé capitonné lilas-tendre pourvu de deux pur sang brûlés précéderait la première entrée en matière. Le coup fait, nous l'avouions à Castelin.

Avec un empressement que notre camarade jugea très flatteur et que nous attribuâmes, nous, à l'importance du codicile, Emilienne répondit le lendemain soir. Nous reproduisons scrupuleusement l'aimable texte :

« 25 septembre 1890.

« Monsieur André,

« J'ai seize ans et demi et si toutes les belles
« choses que vous me dites sont vraies, je ne veux
« plus rentrer chez mes parents quand je serai
« guérie...

— Guérite, rectifia Niclosse, qui écoutait avec religiosité la lecture publique de l'épître.

— Ne crachez donc pas sur cet ange, vieux fusil à tabatière, dit Ballière en jetant un regard courroucé sur l'interrupteur.

« Je dois vous avouer, car je suis franche, que
« j'ai découché une seule fois, pendant trois jours,
« avec un jeune homme ou plutôt avec un gosse,
« *car il avait dix-sept ans*, ce n'était pas sérieux...

— Cette lecture m'afflige, balbutia l'un.

— Ses aveux me font mal, déclara l'autre.

— Si cinquante-cinq années de plus faisaient son affaire,... insinua le septuagénaire Niclosse.
— Alors, quoi ! de la confiture !... Vous n'êtes pas dégoûté, cria-t-on en chœur.

« Le troisième jour je me trouvais dans la rue

« *sans songer à rien*, quand je vois maman qui me
« fait une scène et me conduit chez le commis-
« saire de police pour réclamer mon envoi dans
« une maison de correction jusqu'à vingt-un ans ;
« on ne le lui a pas conseillé... »

— Brave cœur ! hein, voilà qui réhabilite les commissariats. L'autorité bien comprise, sagement exercée, voyez-vous, messieurs, c'est la garantie morale de la société, discourut Castelin avec des larmes dans la voix.

— Vous n'allez pas nous la faire au moraliste, hein? dit Couret au tribun qui reprit :

« Maintenant elle exige que j'entre dans un cou-
« vent. En voilà de l'aplomb! Hier, un médecin
« russe a voulu m'emmener, j'ai refusé, car j'espère
« en vous. N'est-ce pas que c'est pour de vrai? »

La lettre chut des mains du député.

— Pour du guignon, c'est du guignon, ça!

— D'autant plus que vous risquez de nous mettre mal avec la Russie. Or la rupture de l'alliance franco-russe aurait à cette heure, pour ces deux pays, des conséquences désastreuses dont la répercussion se ferait sentir non seulement en Europe, mais encore...

— Je crois que vous me bêchez, les copains?

— Voulez-vous réfléchir. Vous savez évidemment, car rien ne vous échappe, qu'un projet d'union entre deux grandes familles de France et de Russie (1) est soumis à l'étude des cabinets diplomatiques. Cette union resserrera le nœud.....

— Je suis convaincu et je romps. J'emporterai dans la tombe le secret de ce naissant amour; puisse le suffrage universel me tenir compte de ce sacrifice!

— Du courage, ami! du courage!

Alors, avec une émotion navrante, il serra les mains que nous lui tendîmes spontanément et ter-

(1) Mariage de Sèze-Morenheim.

mina la lecture de la missive qu'il avait ramassée et dont le papier mauve s'humectait peu à peu.

« Répondez-moi, cher monsieur André, et rece-
« vez mille gros baisers.

« Émilienne Patissier.
« Lit numéro 4. »

Castelin, épuisé, s'affala sur le sien.

— Il y a encore autre chose. Voyez donc.

Niclosse, ayant mis ses lunettes, reprit :

« — La brune qui vient à la fenêtre est Mlle Louisa
« Ducorset, âgée de vingt-cinq ans, couturière,
« même salle, lit n° 20. Un baiser à celui qui de-
« mande son nom.

— Je le prends, déclara le lecteur.

— Ne brisez pas brutalement le cœur d'Émilienne, dit Ballières à Castelin. Les représailles féminines sont redoutables : bol de vitriol, coups de rigolo et de surin à virole ; puis il y a le pétard à la grille de la Chambre qui ferait sombrer pour toujours votre réputation de législateur sérieux et austère.

— Vous êtes un homme de bon conseil.

Après un instant de réflexion :

— Sauvé ! s'écria-t-il. Je lui enverrai mon frère junior, un *rapide*, celui-là !...

C'est ainsi que Castelin, manifestement protégé par la Providence, échappa aux embûches dressées sous ses pas par le démon anarchiste. Comme sainte Pélagie, notre héros sut mériter les palmes du martyre. Il n'eut pas à rougir le jour de sa sortie devant l'innocent votard qui revendiqua l'honneur de le charger dans un landau de louage à la porte de la geôle.

Niclosse, dont la détention prenait fin le même jour, suivit dans sa retraite André Castelin.

Le vide que ce double départ laissait dans nos rangs fut rapidement comblé.

* * *

Assis, un soir, auprès du premier feu de la saison, nous devisions sociologie et Code criminel avec maître Lenoël-Zévort, art et littérature avec son aimable femme, notre confrère, quand la porte s'ouvrit, et, sans qu'il se fût annoncé autrement, un individu de l'aspect le plus singulier se campa devant nous :

— Qui êtes-vous ? nous demanda-t-il impérieusement.

— Kaulokaua, le roi des îles Sandwich et Kapiolani, la reine, répondit Malato en désignant respectueusement nos amis.

Puis avec un geste demi-circulaire :

— Les seigneurs de la cour.

— Que faites-vous là ?

— Nous attendons le fou.

— Moi, je suis monsieur Jean Larocque et j'arrivai de l'exil il y a dix ans.

— Alors nous sommes au complet. Daignez vous asseoir, mon gentilhomme.

Mais le gentilhomme, le haut de forme vissé sur

l'occiput, les mains en poches, grave, presque sévère, sans ajouter un mot, refranchit la porte qu'il avait laissée entr'ouverte et qu'il négligea de refermer et reprit les degrés.

— Quel drôle-d'individu ! d'où sort-il ? s'enquirent nos amis.

— Nous l'ignorons. Un nouveau locataire bien sûr ; il en a un sac, le monsieur !

Déjà Jean Larocque reparaissait dans l'encadrement de l'huis, toujours impératif.

— Verrouillera-t-on mon cachot, cette nuit ? Y serai-je enchaîné ?

— Vous y serez mis au carcan, seigneur.

— Parfait ! je fuis.

L'homme au sac disparut pour la seconde fois. Où allait-il ? Nous nous dérangeâmes et le vîmes qui descendait toujours grave, profond, l'œil fixe, le monumental escalier du pavillon des Princes.

Soudain un cri strident retentit, un violent battement de porte ébranla nos murs, puis rien... qu'un bruit rythmique, ascendant. Jean Larocque regravissait les marches, superbe en son impassibilité. Il passa sans nous voir et s'enferma au Petit-Tombeau.

Le gardien-chef accourut tout essoufflé.

— Plus moyen de vivre tranquille ! C'est la quatrième fois depuis une heure qu'il s'introduit chez moi et cause des peurs atroces à mes enfants et à ma belle-mère. Nous sommes obligés de nous barricader, vous conviendrez que c'est un peu raide et que les rôles sont renversés.

— Dites-nous donc enfin d'où il vient?
— Du Dépôt.
— Vous êtes sûr que ce n'est pas de Charenton?
— Ma foi! je crois qu'il y serait mieux qu'ici.
— Qu'est-il? Qu'a-t-il fait? En a-t-il pour longtemps?
— C'est un littérateur condamné pour intempérance pornographique à quatre mois, sur lesquels on en a raboté deux. Impossible de le faire tenir en place, il a la manie de la persécution et ne parle de rien moins que de se pendre pour échapper à la jalousie de l'Institut.
— Bouclez-le.
— Il est capable de s'accrocher par le col aux barreaux de la fenêtre. Joli coup pour moi, qui suis responsable du personnel locatif. Encore lui!...

Le romancier reprenait ses pérégrinations. De sa poche sortait un demi-peloton de ficelle. Barthélemy devint pâle.

— Quand je vous le disais. Il se détruira cette nuit, si je ne le fais pas garder à vue. Quel boulet!

Jean Larocque, sans explication, rentra dans notre chambre, prit une chaise, s'assit :

— J'ai créé *Viviane*, j'ai créé *Daphné*, j'ai créé *Odile*, j'ai créé *Fausta!*

— Rude labeur pour une seule plume.

— Mais on ne me lit plus... il y a tant d'impuissants et de jaloux!... On oublie trop les immortels principes de 69...

— Des principes nègres, sans doute?

— Je les ai professés pendant toute ma vie ; ils sont un sûr garant de ma conduite à venir.

La conversation cessa. Le Bouciboula littéraire, à qui la glorification du saphisme et du priapisme avait coûté la mémoire des dates, réintégra sa cellule.

Cinq minutes après, nous le revoyions ; jusqu'à la poussée des verroux, ce fut un va-et-vient incessant.

— Ce n'est pas un homme, c'est un balancier, grognait Malato. Que ne s'est-il fait accompagner de ses filles, les nommées Odile et Viviane, il y aurait peut-être matière à compensation !

Barthélemy ordonna prudemment que l'on ne fermât pas la porte du Petit-Tombeau, et prescrivit des rondes supplémentaires avec mission de surveiller les allures du nouveau « politique. »

La première ronde trouva celui-ci nu comme l'âme à Randon, accroupi sur le lit, les mains jointes sur ses genoux qu'il ramenait vers le menton, ayant toujours sur son chef le très correct haut-de-forme.

On lui conseilla avec douceur d'enlever son chapeau, de remettre sa chemise et de se fourrer dans les draps ; ce qu'il fit docilement, en traitant de bourreau le gardien qui lui souhaitait bonne nuit.

La seconde ronde le retrouva dans la même position que la première, agit comme celle-ci, fut écoutée et traité idem. Ainsi de la troisième, de la quatrième et des suivantes.

Lorsqu'à six heures et demie du matin nous eûmes accès auprès de lui, Jean Larocque déclara qu'il se rendrait à l'Élysée pour implorer la clémence de Sa Majesté Sadi-Carnot. Nous le persuadâmes que sa grâce arriverait sans qu'il s'imposât le moindre dérangement.

A neuf heures, il porta avec de grandes précautions le potage aux goguenos, jeta la viande dans le sceau hygiénique, distribua solennellement son pain aux auxiliaires. Cependant, il ne fit aucune difficulté pour accepter la moitié d'un poulet rôti, une énorme poire cuisse-madame, et une grappe chananéenne de raisin que nous lui offrîmes. Il les dévora même avec une expression de jouissance nullement feinte, et avala en deux traits rapides, un flacon de vin blanc mousseux, réserves opérées sur les jours d'abondance.

L'après-midi, en vue de nous distraire, nous organisâmes une petite pendaison, laissant au sort le soin de désigner l'acteur principal. Nous espérions que la vue du supplice et les affres du supplicié enlèveraient toute idée de suicide au cerveau vacillant de Jean Larocque.

Quelqu'un fit bien remarquer qu'il était cruel d'abuser du naufrage cérébral de notre confrère, mais avec une froide logique, le scolastique Couret déclara que Jean Larocque était tellement fou qu'il ne pouvait le devenir davantage.

On se mit à l'œuvre dans le cabinet de toilette aménagé sous la détention de Laurent Pichat et qui servait aux débarras du Salon de la Gomme. L'extrémité d'un long foulard fut enroulée au col de Gegout, la pseudo-victime, l'autre bout accroché au porte-manteau. La tête du patient s'inclinait à gauche, ses paupières mi-fermées ne laissaient voir que la cornée des yeux; sa langue congestionnée, interminable — une portion de soixante-quinze centimes, évaluait Malato — couvrait son menton et s'allongeait jusqu'à la poitrine; son buste, soutenu invisiblement à la base, par une bûche, lui permettait d'étaler ses guibolles avec une raideur cataleptique.

Une pancarte, épinglée à sa veste, portait cette funèbre révélation :

« *Pendu par désespoir d'amour !* »

Avec une légitime satisfaction, on se plut à constater, sans hâte, que le sujet était stupéfiant de réalisme et répondait délicieusement aux exigences minutieuses de la situation.

— Est-ce que vous allez me laisser moisir ? dit le pendu, auquel échappa un mouvement d'impatience. La bûche croula, le corps s'abattit sur le sol, entraînant le portemanteau et d'énormes plâtras.

La mise en scène était à recommencer.

Cette fois, on ne perdit pas de temps en de vaniteuses admirations. Lorsque la langue fut à point, des clameurs s'élevèrent de toutes les poitrines.

Jean vint, regarda et laissa faire avec une adorable placidité.

Le pendu était maintenant étendu sur sa couche; l'un humectait ses tempes, d'autres lui soufflaient dans le nez, ranimaient la plante des pieds à coups de vieille savate.

— Quel malheur! une si belle langue à jamais inerte! sanglotait effrontément Ballière.

Le révérend Couret, agenouillé, récitait à haute voix les prières des agonisants :

— *Indulgentiam, absolutionem et remissionem peccatorum nostrorum tribuat nobis omnipotens et misericors dominus!*

— *Requiem æternam dona eis, domine; et lux perpetua... Amen!* répétaient les assistants avec componction.

— Miaou! miaou! pfou!... faisait Pélagie qui, en arrêt sur l'oreiller, considérait comme une injustifiable provocation, les grimaces *in extremis* de son maître.

— Je veux m'en aller, dit Larocque en se dirigeant vers la porte dont Ballière avait enlevé la poignée.

— Restez! restez! monsieur Larocque, notre malheureux camarade reprend ses sens et peut avoir besoin de vous pour la rédaction de ses dernières volontés.

Ces mots perçus par quelques cases intactes, le ramenèrent vers le lit.

— Le voilà, M. Larocque. Qu'est-ce que vous lui voulez à M. Larocque?

— Je veux tester.

— Il a soif, l'infortuné! reprit Ballière. La fièvre d'amour le travaille, car il y a longtemps qu'il ne tétte plus. Ah! que ne puis-je lui donner le sein !

Et Jean de répéter, sans lassitude, sans exaspération :

— Le voilà, M. Larocque. Qu'est-ce que vous lui voulez à M. Larocque ?

Cette scène durerait encore si Malato, dans sa précipitation à secourir son camarade de chambrée, ne lui avait étourdiment inondé la figure d'eau sédative.

Le pendu ferma les yeux, ravala sa langue, bondit du lit en hurlant, renversa Couret toujours en psalmodies, trébucha dans les jambes du géant, évadé de Nouméa, et roula avec lui sur le carreau.

Eros et Priape se vengaient déjà.

Gegout souffrant d'une affection sérieuse du pharynx, que les miasmes et l'humidité de la prison rendaient plus douloureuse de jour en jour, avait obtenu l'autorisation de faire venir un savant spécialiste.

M*** se rendit à son appel, une heure après les événements que nous venons de relater.

Le calme avait succédé à l'hilarante agitation. Chacun, rentré en cellule, s'était remis au travail.

Au Salon de la Gomme, le ressuscité esquissait une conversation avec le flegmatique maboule qui l'avait pris en affection et ne le quittait pas d'une semelle.

— Je vais écrire « *Toutes les voluptés* », lui rabâchait le littérateur.

— Miséricorde ! elles vous ont assez détérioré comme cela, répliquait l'autre.

Et le contemplant, perdu d'hébétude, la lèvre baveuse :

— Vrai ! c'est à me faire chérir la vertu.

Quand le praticien, qui ne connaissait pas de vue son nouveau client, se présenta dans la cellule, le révolutionnaire était absent ; seul Jean Larocque s'y trouvait.

L'entrevue fut courte.

— C'est un fou, un gâteux fini ! s'écria l'Esculape en ressortant presqu'aussitôt.

Mais le véritable malade le rejoignit.

— Je proteste contre le diagnostic, docteur ; il y a maldonne.

Le pharyngiteux était sauvé.

Durant la soirée, en vertu d'un ordre émanant du Parquet, Jean Larocque était transféré à l'infirmerie du Dépôt.

Le 12 décembre suivant, *la Bataille* publiait cet extrait nécrologique écrit par Henri Fouquier :

« Dans le quartier Latin, où je le rencontrai vers 1858, M. Jean Larocque était professeur libre de mathématiques et de grec. C'était un esprit à tendances encyclopédiques, disciple indiscipliné de l'école positiviste, cerveau puissant, et frimousse à la Diderot. Avec un pauvre garçon de mes amis, qu'il avait connu chez les éditeurs classiques où tous deux corrigeaient les épreuves des textes grecs, ils avaient entrepris, sous ce titre : les *Réalistes grecs*, une traduction des poètes helléniques.

« J'ai encore, dans un coin de ma bibliothèque, la première de ces traductions, celle d'Anacréon, qui est un chef-d'œuvre. Pièce introuvable, je crois, aujourd'hui.

. . . .

« C'était un de ces hommes dont on peut dire qu'ils savent tout, tout en restant presque toujours incapables à tirer parti de leur savoir.

. . . .

« Voici quelques mois, je reçus une lettre de lui, m'annonçant qu'il allait se tuer et me donnant les raisons de son suicide, dans une lettre admirablement logique, d'une effroyable sagesse. J'accourus, je le vis et nous eûmes un entretien de deux heures. La suppression de son traité avec l'éditeur, suite de la condamnation le ruinait, lui retirait le pain qu'il gagnait par un labeur énorme. Je parvins à le remonter. Il me promit de vivre, de se mettre aux besognes simples, faciles relativement à trouver. Puis, on le mit en prison ; et là, se déclarant brusquement, la folie et la paralysie générale s'emparèrent de lui. Je viens d'apprendre non sans un vif chagrin, la mort dans un asile d'aliénés, de ce grand savant complètement inconnu. Son nom n'apprendra rien à personne... »

Pauvre Jean Larocque ! la besogne simple,

facile relativement à trouver, et sa fidélité aux immortels principes de 69, l'avaient tué.

Nous n'éprouvâmes aucun remords. La vie n'est déjà pas si gaie.

XXII

L'Argument, la Violette

et

Lafrayse.

éon-Henri-César Maës, ancien secrétaire de rédaction, à la première *Bataille*, révolutionnaire indépendante que dirigeait Lissagaray avec autant de nerf que de talent; puis à l'*Action*, réformiste; finalement à la *Cocarde*, césarienne, prit au PetitTombeau la place laissée vacante par l'infortuné descripteur du triangle saphique.

Il faut croire que le dernier prénom de notre papillonnant confrère, n'avait pas été sans in-

fluence sur ses destinées politiques, car, durant toute la cavalcade boulangiste, Maës s'était attelé avec enthousiasme au char du dictateur.

Ayant montré quelque incrédulité touchant la bonne foi d'un témoin à charge du procès de la

Haute-Cour, il avait ramassé quinze cents francs d'amende. Il n'y a que le premier pas qui coûte. Lancé sur la voie du sacrifice — laquelle devait, plus tard, s'appeler la Voix du Peuple — il s'exposait volontairement à de nouvelles rigueurs, en exprimant, par télégramme privé, sur monsieur Q. de Beaurepaire, des sentiments qui révélaient une considération fond de hotte.

Ce télégramme lui valut un semestre à Pélagie, tarif ausi imprévu qu'excessif.

Notre boulangiste purgeait d'abord quatre mois de contrainte par corps, fixée par le tribunal pour le non paiement de l'amende, lorsqu'en faisant les cent pas dans la cour, nous l'aperçûmes au quartier de la Dette, où il subissait le régime des *droits communs*.

Maës récriminait contre cette mesure rigoureuse, avec d'autant plus de raison, que le décret du 11 novembre 1885, relatif au règlement intérieur des prisons, n'avait pas prévu la catégorie de condamnés à laquelle il appartenait.

En effet, il est dit à l'article 56 de ce règlement :

« Les débiteurs de l'État pour crimes, délits ou contraventions de *droit commun* sont soumis au régime des condamnés. ».

Or, Maës, n'était condamné ni pour crime, ni pour délit, ni pour rien que ce fût de droit commun.

Nous convînmes de protester avec lui auprès de la direction et dans la presse. La direction, perplexe, en référa au ministère de l'intérieur.

La presse, jalouse de ses prérogatives, mena campagne en faveur du dettier. Quarante-huit heures après nos protestations, Maës quittait sa cellule morose et réintégrait l'aristocratique Pavillon qu'il avait habité autrefois avec Émile Gautier, l'anarchiste scientifique du *Figaro*, et le bel Arsène Crié, bourgeon fleuri du transformisme politique.

Le régime applicable aux *dettiers politiques* fut définitivement établi à partir de ce jour.

* * *

L'installation de Maës fut immédiatement suivie de la prise de possession du Grand-Tombeau par notre camarade Cabot, imprimeur de la *Révolte*, coupable d'y avoir poussé l'armée au moyen d'un placard pour lequel l'auteur écoppa de deux ans de prison que la Cour, sur opposition, réduisit à trois mois.

Jusqu'alors, on l'a vu, notre vie n'avait pas été complètement dénuée d'imprévu, ni de chambards. Certaines fois, quatre ou cinq par semaine, la philosophie de l'anarchie, l'autoritarisme politique et le sectarisme des diverses écoles socialistes, sous prétexte de gymnastique cérébrale et dans le but louable de se convaincre mutuellement, échangeaient de sonores coups de gueules. Tourmentes passagères se fondant toujours en de reposantes accalmies. Avec Cabot, c'était la tempête sans éclaircie.

— Que va-t-il survenir? geignait Malato. Voici deux caractères semblables : Cabot et Gegout, deux ardents, deux nerveux, deux braillards... Le premier arrive du dehors tout chargé du courant positif de la lutte journalière, l'autre est miné par l'électricité négative que produit l'inaction forcée; au premier heurt, ces deux courants contraires vont dégager la foudre. Et Pélagie manque de paratonnerre, voire même de paravents !

— Ah! ah! les aminches, on va voir ce que vaudront vos arguments, dit Cabot en entrant.

Il s'était campé devant nous, la tête haute, les bras croisés, le torse cambré dans son veston de toile bleue, les jambes en arche de pont, le mollet saillant. Il provoquait au combat.

— Déjà! lui cria son antagoniste prévu. Qu'est-ce que tu nous chantes? On va voir. Eh bien ! c'est tout vu : si tu boucanes, je te flanquerai à la porte de ma chambre, Cabot! ce sera mon droit, je suppose. Par exemple, je te laisserai celui de gueuler chez les autres.

— Allons! allons! calme-toi, ne crie pas si fort, je croirais que tu redoutes la discussion. S'il me plaît de venir ici, j'y viendrai; s'il me plaît d'y discuter, j'y discuterai. Ma chambre me fait l'effet d'un caveau de famille, la tienne, au contraire, est coquette, aérée. Je la gobe. Individualiste, je cherche mes aises, je les prends où je peux et je me fous du reste, voilà tout. D'abord, s'il ne te convient pas de discuter avec moi, tu n'auras qu'à fermer ton tabernacle; moi, je serai enchanté de discuter avec Malato.

— Mais nous connaissons tes binaises et tes flambeaux depuis longtemps. Tu te figures donc que nous descendons de la lune?

— On en apprend tous les jours. Il n'y a pas de discussions inutiles.

— Je me refuse à subir les tiennes.

— Voilà déjà l'autoritaire qui montre le bout de l'oreille. Attends que je te gratte un peu, j'aurai vite retrouvé le bourgeois.

— Est-il bête, ce nom de Dieu-là, avec son bourgeois! Bourgeois en quoi? Qu'y a-t-il de bourgeois dans mon attitude.

— Ta suffisance, parbleu!

— Tu es roulant, en vérité! Je suis suffisant parce que je m'oppose à ce que tu me perces le tympan avec ta seringue à balançoires, parce que j'abhorre les...

— Lâche le cran, déboutonne-toi, ne crains rien, je sais ce que tu vas dire.

— Eh oui! j'abhorre les fourneaux!

— Nous y voilà donc, des insultes! ça glisse sur

la peau à bibi sans la tacher. La grossièreté n'a jamais valu un argument.

L'ancien rédacteur de l'*Attaque* dirigea un regard douloureux vers Malato :

— Nous étions trop heureux! rognonna-t-il d'une voix sombre, mais non résignée.

— Pochetée! mâchonna Cabot en haussant les épaules.

Et comme l'on remplissait les gamelles, il s'en fut prendre son couvert et revint s'installer sans plus de façon à notre table.

Il ne faudrait pas que l'on s'imaginât, d'après ce qui vient d'être dit, que Cabot fût le moins du monde un gêneur, ni que Gegout l'eût en grippe. Le nouveau compagnon avait la nature la plus sympathique que l'on pût rencontrer.

Doué d'une intelligence très vive, mais rebelle aux emballements, observateur froid et consciencieux, il avait la déduction précise et tranchante. Toujours à l'affût d'une idée, lorsqu'il l'attrapait au vol, il la déshabillait, la retournait, la vidait, la disséquait, ne faisant grâce à son entourage, ni d'une tare, ni d'un détail obscur. Cela, parfois, devenait agaçant, surtout pour les gens nerveux qui n'aiment pas s'arrêter aux minuties de la controverse. Il raisonnait à jets continus, dédaigneux des sourires narquois, des critiques gouailleuses, des interruptions éclatant en bordées, des vociférations finales des uns et des autres. Ce déductif, maître de son sujet, — jamais il n'entrait dans la mêlée que sûr de la valeur de ses armes, — dominait toutes les cordes vocales, grâce au puissant jeu d'orgue qui meublait son gosier et lançait une mitraille d'arguments dont la sonorité effarait et mettait en fuite les plus résolus d'entre nous.

Après chacune de ses glorieuses victoires, Cabot s'écriait, convaincu :

— Remarquez bien ceci : je vous donne toujours des arguments, moi, tandis que vous, vous essayez inutilement de me démontrer un tas de choses avec un tas de machines que c'en est épouvantâable !

Rien d'étonnant à ce que Cabot, surnommé l'Argument, fût dans le mouvement, sa mère l'ayant joyeusement conçu, le 28 décembre 1858, vers les cinq heures du soir, dans un compartiment de seconde classe du train direct de Chalon-sur-Saône à Lyon. Neuf mois après cette opération aussi agréable que sanitaire, — car à cette époque la Compagnie du P.-L.-M. ne se ruinait pas en frais de chauffage, — il avait reçu le prénom de Gabriel, en souvenir de l'archange qui, sous les traits d'un galant docteur, avait collaboré à sa mise à point extra-conjugale.

Comme l'enfant Jésus, ce métis eut donc deux pères : le premier, simple artisan de l'aiguille, nourricier légal se contenta de fortifier ses muscles; le second, l'auteur accidentel, riche bourgeois à la sélection rapide ne lui légua que le meilleur de son intelligence, héritage dont Cabot tira profit par la suite.

— Avec de la jugeotte et du biceps, on peut prétendre à tout, pensa le tailleur qui lança son fils putatif dans l'ébénisterie. Quant au médicastre, il laissa faire, estimant que pour avoir donné la vie il s'était déjà fort déboutonné.

Mais le collage du bois ne pouvait convenir à celui qui, plus tard, devait coller tant de placards incendiaires; l'individualiste en herbe dédaigna la collectivité des hommes et des choses. Il n'avait que douze ans, il eut, de plus, une sérieuse raclée paternelle et fut mis à la couture. Le progrès ne serait qu'un vain mot si les fils renonçant à toute initiative ne suivaient que les sentiers tracés par leurs pères : Cabot fils déclara qu'il était stupide de s'adonner à la confection des culottes alors que tant de gens s'en offraient gratuitement.

Cette opinion lui valut une seconde dégelée, laquelle n'influa en rien sur sa volonté.

Notre futur camarade déserta l'établi et, de fil en aiguille, arriva jusqu'à la casse d'imprimerie. La manipulation des caractères affermit le sien, ainsi qu'il en advint pour Proudhon. Cabot serait encore, à cette heure, la gloire des typos bourguignons et concourrait puissamment au tirage des journaux de Chalon-sur-Saône, si son individualisme, de plus en plus exigeant, n'avait pesé sur ses destinées comme l'appareil crucifial sur les épaules du Christ. Les floppées qu'il avait reçues, il les rendit avec prodigalité à ses patrons gêneurs, qui s'empressèrent de lui ouvrir les portes de leur maison après avoir fermé prudemment les tiroirs de leur caisse.

Devant lui s'élargissaient son dix-neuvième printemps et la grand'route nationale. Le soleil et le bon vin de Bourgogne immuaient, dans sa tête, toutes sortes de frondaisons :

— L'homme n'est vraiment fort, s'écria-t-il, que lorsqu'il sait ne pouvoir compter que sur lui. Il n'y a pas de préjugés qui tiennent devant un besoin. Partout et toujours, je chercherai avant tout ma propre satisfaction. Que chacun fasse comme moi; tant pis pour ceux qui restent en route. Au petit bonheur !

De même qu'instinctivement il avait imité Proudhon, il venait de parodier Darwin qu'il ignorait encore.

L'anarchiste individualiste conscient s'était enfin révélé.

A ce moment, un ânon paissait l'herbe naissante qui tapissait les rebords de la route; dans le fossé, à l'ombre des hauts peupliers, sommeillait insoucieux le garçonnet d'une ferme voisine. Cabot enfourcha gravement le baudet et le mit au galop.

Dites donc, âmes benoîtes et dévotes, qui avez grande envie de crier : Au voleur! oublieriez-vous que votre doux Jésus s'empara, sans plus de cérémonie, d'un âne au village de Bethphagé, vers la montagne des Oliviers?

A cela vous répondrez sans doute que Cabot n'est pas le fils de Dieu.

Bel argument! Cabot était déjà le fils de ses œuvres, ce qui vaut bougrement mieux. Voilà qui vous clôt le bec, n'est-ce pas?

Au détour du chemin, notre errant s'aboucha avec un forain, le père Cadasse, dont la profession patentée consistait à exhiber des sujets vivants de tous les pays. Un vide venait de se produire dans sa collection : le sauvage Youkiki, en avalant un sabre, ne s'était pas arrêté à temps et n'avait pu rendre que le tranchant, d'où malemort.

— Voulez-vous le remplacer? proposa le saltimbanque à son compagnon de route. Vous avez une tête magnifique qui me botte. Entre nous, un sauvage c'est pas commun! ça fout l'trac aux petzouilles et ça fait recette!

— C'est une *binaise* comme une autre, répondit le typo. Surtout, ajouta-t-il in petto, s'il y a du *benef* et qu'on n'en donne pas *ep*.

Il y eut simple contrat verbal : parole de roulottier valant mieux qu'écrit notarié.

Alors de villages en bourgs, de bourgs en villes, Cabot enduit de cirage et de savon gras, une peau de loup sur les épaules, une massue à la main, de larges anneaux de fer aux oreilles et au nez, roula des yeux blancs, ouvrit une mâchoire de macrocéphale, inarticula des sons abominables, esquissa la danse guerrière de la tribu des Youkiki, dévora habilement des lapins vivants que la mère Cadasse mettait en gibelotte après la représentation, avala des étoupes enflammées, en renvoya la fumée par les yeux, les oreilles et le nez, piétina sur des barres de fer rougies à la forge, jongla avec des serpents, des crapauds et des chauve-souris, souleva l'admiration de toute la contrée, bien qu'il fût la terreur de la volaille, remplit de ses œuvres la caisse

du patron et le ventre de Mlle Cadasse aînée, et se
déroba opportunément à la reconnaissance de la

famille en se tirant des pieds sans tambour ni trompette.

Il ne regretta que l'ânon.

Cabot fit son tour de France, désindividualisant les produits de la terre et de ses habitants, vivant comme un homme libre dans une humanité libre.

Revenu à la casse, ses premières amours, il s'y distingua de telle façon que la Cour d'assises l'honora de ses faveurs.

Ecce homo!

* *
*

De huit heures et demie du matin, heure à laquelle on se levait habituellement en hiver pour apprêter le café au lait et le chocolat, jusqu'à celle du verrouillage des cellules, il y eut, durant quatre-vingt-dix jours, un vacarme perpétuel, non chez l'imprimeur qui, par besoin de combattivité, fuyait la solitude, mais partout ailleurs : de la cour à la Grande-Sibérie, de la salle de bains à la cantine, du greffe au cabinet directorial. Quand les grandes orgues donnaient, la rue du Puits-de-l'Ermite, la Pitié, le Jardin des Plantes et le quai d'Austerlitz s'émouvaient. Les petits boutiquiers, ahuris, s'interrogeaient sur le pas de leurs portes entr'ouvertes; l'économe de l'hospice, un érudit celui-là qui connaissait sa Révolution française mieux que Michelet, voire même que Jules

Roche et Sigismond Lacroix, croyait à la prolongation des massacres de Septembre; les fauves de M. Geoffroy-St-Hilaire se demandaient si ce n'était pas la fameuse bête de l'Apocalypse qu'on leur amenait enfin.

Gegout n'était plus abordable, Malato du regard implorait la clémence du ciel. Cabot exultait et le gardien-chef irruptait à chaque séance pour s'opposer aux égorgements.

La plus épique de ces séances fut coupée par l'entrée inopinée du menuisier Brunet, dit la Terreur-des-bouts-de-bois.

— Il ne manquait que toi. Quel vent te pousse vers ces récifs? lui demanda-t-on.

— Il paraît que j'ai violé?

— Il paraît! tu es délicieux.

— T'as violé ton pain ou une vieille boiserie, insinua Cabot, goguenard.

— Conte-moi ton viol, dit l'ancien sous-préfet. Il y a si longtemps que je ne me sens plus vivre.

— Ah! vous en avez une lampée, vous autres! mais je n'ai violé que la loi.

— Sale coup! fit le curieux, dépité.

Brunet ajouta:

— Vous vous rappelez bien la fameuse affiche du *Père Peinard* au Populo que j'avais signée, en qualité de candidat pour la forme, aux dernières fumisteries électorales et collée sans timbre? Elle m'a valu cinq cents francs d'amende que j'ai négligé de verser.

Tout espoir de repos étant abandonné depuis

l'arrivée de l'Argument, nous proposâmes à la Terreur-des-bouts-de-bois de manger chez nous. Il accepta avec un empressement de mauvais augure. Même offre fut faite à Couret dont il partageait la chambre et qu'on ne pouvait décemment laisser seul. Maës, lui, préférait le silence de son *home*.

Bien qu'amoureux au point de convoler en légitimes noces à l'expiration de sa peine, Georges Brunet ne crachait pas sur le substantiel; aussi, à table, ne se servait-il point du manche de la cuillère, ainsi que le faisait remarquer l'Argument toujours prêt à faire le « palasse ».

— Quel dévorant! que ce rabotin. Et encore s'il aidait à relaver la vaisselle! disait-il.

— Mais à la fin des repas Brunet rééthérisé par son amour, dédaignait le sarcasme, méprisait la lavette, et fuyait l'eau grasse. Retiré dans sa cellule, au moment des coups de torchon, il rêvassait aux temps bien doux de l'anarchie où le travail de la machine remplacera avantageusement celui des muscles.

Les romans de cape et d'épée délectaient aussi l'imagination de ce beau garçon de vingt-quatre ans, dont les exploits amoureux soulevaient maints orages conjugaux et lui valaient cet autre surnom plus poétique de La Violette, ou Bouquet des dames.

— Quelle dégoûtante ragougnasse! s'écria-t-il, un soir, en face d'une gamelle de lentilles. Où sont les beaux jours du prieuré des Jacobins ou de la *Corne d'abondance*, alors qu'on servait des œufs brouillés aux crêtes de coq, des écrevisses au madère, du jambon aux pistaches piqué de bœuf attendri dans une marinade d'huile d'Aix, le tout arrosé d'un petit bourgogne de 1550 !

— Tu ferais mieux de lire *Force et matière* de Büchner ou *les Pensées* de Pascal, plutôt que de perdre ton temps aux âneries de Dumas. C'est avec ça qu'on abrutit la cervelle du populo.

— J'ai lu Büchner avant toi, affreux Cabot !

— Tu as lu peau de balle et balai de crins, comme Gorenflot, répartit l'incrédule.

Cette critique impitoyable, venant après boire, exaspéra tellement Brunet qu'il en prit une attaque de nerfs dans la nuit. Couret, terrorisé par ses sauts de carpe, se jeta sur la sonnette d'alarme ; Cabot qu'un argument *in extremis* tenait éveillé, arracha le cordon de la sienne en criant : au feu ! Maës, de la lucarne du Petit-Tombeau, appela la garde, et nous qui croyions à un mouvement insurrectionnel et libérateur des droits-communs, nous nous ruâmes contre notre porte avec l'espoir de la défoncer.

Un surveillant daigna se déranger après dix minutes d'appels désespérés, s'enquit de la cause de ce train, redescendit sans se presser, revint au bout d'un quart d'heure avec le gardien-chef et l'inspecteur, lesquels ouvrirent nos cellules, examinèrent le malade qui se tortillait sur le sol, s'interrogèrent du regard, convinrent qu'il y avait évidemment quelque chose à faire, et dans ce but mandèrent l'infirmier. Quand celui-ci se présenta, la cinquième crise tordait comme un cep de vigne notre camarade. On lui réclama de l'éther, il n'y en avait pas; des sinapismes, il n'y en avait plus; de l'eau sédative, pas davantage; de la graine de moutarde, les rats et les cafards l'avaient grignotée. On dut se borner à des frictions sèches sur tout le corps de l'éprouvé, lequel vers les quatre heures du matin rendit tripes et boyaux, poussa deux cris tendrement humains : maman! maman! et s'endormit soulagé.

La fatigue nous coucha auprès de lui. A l'aube, une pharmacie voisine délivrait les médicaments réclamés. Brunet ronflait, mais Gegout saisi par la fraîcheur du carreau, se roulait en proie à une névralgie dentaire, et quelle névralgie! Malato lui passait l'anesthésique avec le calme d'une nature cuirassée contre les émotions. Le docteur Moulard, médecin de la prison, enleva sans hésitation cinq dents au souffrant et le lendemain trois chicots.

— M'avez-vous laissé la dent de sagesse? lui demanda l'édenté.

— C'eût été difficile, répondit l'habile extracteur, il y a longtemps que vous l'avez perdue.

Après de telles secousses, les locataires du pavillon méritaient quelques dédommagements. Thémis les leur expédia d'Angoulême, sous la forme ventripotente d'un papa à face rougeaude envahie par un fleuve de poils blancs dont l'extrémité sourdait du nombril. Il portait lunettes, calot de velours et soixante-et-un ans sonnés. Devant les grilles massives de la prison et la gracieuseté légendaire des gardiens, ce vieux birbe éprouva les mêmes émotions que Castelin *senior*. Des histoires d'oubliettes, *d'in pace*, de trappes dissimulées et de tortures secrètes hantèrent son imagination angoumoise, et il supplia le directeur de lui accorder un camarade de lit, quelqu'un de bien tranquille, au caractère égal, accommodant.

C'est Cabot que la direction toujours intelligente choisit, et c'est chez lui qu'eut lieu la présentation.

Le vieillard se montra expansif. Comme nous émettions l'hypothèse qu'il pourrait être un descendant du fils de Marie Touchet, il nous assura avec un accent de sincérité qui déracina nos doutes, que nous errions sur sa lignée inscrite sur les registres de l'état civil et de l'église sous le patronymique de Lafrayse.

— Serait-elle de Vaud? questionna Cabot.

— Erreur, monsieur, grave erreur, elle est née native d'Angoulême, assura le bonhomme.

Nous sûmes de plus qu'il administrait deux grands journaux de cette ville : *le Napoléon du lundi* et *le Plébiscite national*, avec l'aide de ses filles, les anges du *doit* et de *l'avoir;* qu'il avait été condamné à six jours de prison comme gérant responsable, qu'afin de s'en affranchir, il avait dépensé des billets de mille et fait inutilement des mains et des pieds, ce dont nous doutâmes, vu leur puissance et leur longueur; qu'acculé enfin au dernier jour du délai, il avait choisi Pélagie pour refuge, sachant tout le bien qu'on en disait. Habitué au petit ordinaire conjugal, il s'était fait accompagner par sa femme, une sexagénaire, la pauvre! qu'il aimait comme aux premiers jours et à laquelle il ne refusait pas les petites politesses de l'emploi.

Lafrayse nous déclara, avec une grosse nuance d'orgueil, que Monsieur Cunéo d'Ornano l'honorait de son amitié.

L'amitié d'un grand homme est un bienfait des dieux qui mérite d'être chanté; Malato improvisa aussitôt sur l'air du *Bal de l'Hôtel-de-ville* de feu Mac-Nab, ce refrain que nous serinâmes pendant deux jours:

>C'est l'ami de Cu
>C'est l'ami de Né
>L'ami de Néocu;
>C'est l'ami de Cu
>C'est l'ami de Né
>Cunéo d'Ornano!

— On ne pourra pas nous accuser de pactiser avec la réaction! ajoutait l'auteur à chaque pause.

D'impériales influences arrachèrent Lafrayse à ces bruyantes sympathies et mirent un crêpe à notre gaieté.

Le gracié acheta à la cantine un pain bis, un couvert en buis et un couteau émoussé qu'il résolut d'exposer en trophée dans la salle d'administration du *Napoléon*.

Cabot, à la dernière minute, fabriqua un tortillon de paille dérobée à la paillasse, le trempa dans son vase et le lui remit.

— Merci, dit l'ami de Cunéo, cette paille humide de mon cachot fera de l'effet à Angoulême.

— Certes ! mais n'allez pas la manger en route, lui recommanda le farceur.

Parloir club et « Chat noir ».

XXIII

'ARRIVÉE de Cabot et de Brunet ramena un afflux de visiteurs. Les dimanches surtout, le parloir avait une physionomie de club : vieux et jeunes socialistes de toutes écoles y faisaient vacarme, tandis que le gardien réfugié dans un coin nous regardait avec stupeur, affolé par ces grands mots qu'il n'avait jamais entendus : évolution, affinités, autonomie individuelle, harmonie et déménagements à la cloche de bois.

Dans un groupe tumultueux, agité d'un remous d'océan, un orateur vocifère à pleins poumons :

— De l'égoïsme individuel seul naîtra l'harmonie. Ce matin, j'ai encore trouvé deux arguments... vous riez? Si vous aviez seulement une moyenne de raisonnement, vous me comprendriez. Oui, l'homme est un animal qui agit, pense, sent par lui et pour lui ; arrière les pontifes qui jouent la comédie du désintéressement et prétendent sauver les masses !

— Cabot, tu as raison, mais tu nous bassines! lui crie Brunet en s'échappant du groupe pour aller se placer entre deux blondes minettes aux corsages triomphants.

— Tiens, vieux frère! prends ceci, dit en glissant subrepticement une fiole d'absinthe sous le gilet de Malato le mineur Cuisse, tandis que la femme de celui-ci met sur les bras du prisonnier un monumental paquet de provisions.

— C'est trop ! proteste Malato.

Mais, au même moment, il plie sous un choc d'arrière en avant.

Le rejeton des Cuisse, gamin joufflu de six ans, a bondi à califourchon sur ses épaules et, d'un ton impératif, lui crie :

— A dada ! hue donc, vieille rosse !

Un grand brun, d'allure élégante, — rien des

annonces matrimoniales, — fait passer de ses poches dans celles d'un codétenu, tout un stock de chocolat Menier.

Ce pourvoyeur providentiel est N'importequi, ainsi nommé de son pseudonyme journalistique. Gare à ceux qu'égratigne sa plume fine et mordante! N'importequi est le Juvénal de l'anarchie. Grâce à lui et à un autre camarade, Bernhardt, qui arrive chaque semaine muni d'un paquet de café, nous pouvons nous rappeler sans amertume les crémeries de la rue Montmartre.

Goullé cause boulangisme avec Berthier de l'*Intransigeant* et Massard de la *Presse*.

— Oui, dit Berthier, dans ce mouvement exploité par une écume de rastaquouères, à côté des duchesses, des barons et des évêques, il y avait pourtant quelque chose de démocratique, un élément plébéien qui s'insurgeait contre l'ordre social trop dur et cherchait à reprendre en sous-œuvre cette révolution d'il y a cent ans, qui ne fut pas strictement politique, mais signala des modifications économiques.

— Malgré toutes les fautes, les intrigues, les trahisons, continue Massard, le boulangisme n'en a pas moins été, du côté peuple, la grande vague faite des mécontentements amoncelés, vague qui sera suivie de plusieurs autres jusqu'à ce que la tempête sociale déferle et couvre tout.

Plus loin, le docteur Forget, le plus galant des praticiens, soit dit sans nuire à sa valeur scientifique et l'assistant obligé du Tout-Paris qui se bat, donne à Mme Mougin quelques conseils de haute importance :

— Quoi ! votre mari en est là ! à son âge ! Alors, c'est à vous à stimuler, par une cuisine ingénieuse, ses forces affaiblies par la lutte : nourriture épicée, viandes noires ou saignantes, beaucoup de poisson, vins généreux, quelques frictions dans les régions lombaires et, avant peu, vous m'en direz des nouvelles.

— Tes cheveux sont trop longs, ça te vieillit, laisse-moi rafraîchir ta tignasse, dit à Gegout, d'un air engageant, Franco, un jeune et fringant Italien.

Le prisonnier hésite :

— Te confier ma tête, c'est grave.

— C'est même capital, réplique Franco qui cultive le calembour facile ; mais ne crains rien, je te défie de trouver un coiffeur de ma force sur le pavé de Paris.

Le cynique ! De Figaro il avait pris la blague pétillante, mais non le triomphal coup de ciseaux ; naguère, garçon de café, il avait révolutionné par son prosélytisme les chambres syndicales de l'alimentation. Mis à l'index dans tous les établissements où l'on sert à boire, il venait de faire peau neuve et de reparaître la savonnette d'une main, le rasoir de l'autre. Et ce qu'il s'entendait à raser !

Sans grand enthousiasme, Gegout lui livre sa tête. La serviette classique est étendue sur ses épaules ce pendant que Franco tire de sa poche ses inséparables ciseaux, et les boucles châtaines, entremêlées de fils d'argent, commencent à tomber.

— Jamais de la vie ! c'est archi-faux ! Avec toutes vos binaises, tous vos trucs de communisme, vous mutilez l'individu, vous étouffez son essor passionnel ! hurle Cabot en se démenant dans son groupe.

Deux hauts-de-forme fendent le flot de ces enragés disputeurs : ce sont Grumbach et Fournière qui font leur entrée. Le premier, coquet, tiré à quatre épingles, la moustache frisée, l'œil luisant, jette en passant un regard rapide sur l'élément féminin et sa physionomie, un peu dédaigneuse au prime abord, s'éclaircit d'un sourire égrillard.

« — Il y en a donc ailleurs qu'à Montmartre ! » semble se dire notre visiteur.

Son compagnon, plus porté vers les études sociologiques que vers les mondanités, est à peine assis qu'il lui faut défendre Malon que le placide Mougin prend à partie avec une aigreur peu commune.

Au bruit de la controverse qui s'engage, Gegout n'y tient plus; il se lève d'un bond et arpente la salle, poursuivi par Franco et ses ciseaux :

— Malon ! Malon ! Il est devenu bouddhiste, panthéiste, spiritualiste, mormoniste, salutiste, loufoque enfin ! Et tu es son seul disciple.

— Ce n'est pas un argument, riposte le collectiviste.

En entendant parler d'*argument*, le dialecticien Cabot lève la tête, s'approche et prend part à la discussion.

Cependant, Figaro a rattrapé son prisonnier :

— Porca Madona ! exclame-t-il, mêlant la langue du Dante à celle de Francisque Sarcey, te tiendras-tu tranquille ? Mon œuvre n'est pas achevée.

Et il ramène son patient au siège abandonné, puis, multipliant les coups de ciseaux, livre, au bout de quelques minutes, une tête méconnaissable.

— C'est toi, ça ? dit Grumbach au mutilé. Mon pauvre vieux ! tu es chenu comme la coupole du Panthéon.

— Remarquez bien que tout est naturel : l'homme a le droit de satisfaire ses besoins physiques, intellectuels ou moraux ; les monstruosités viennent de la compression, non du rayonnement, cela est un fait ! détonne Cabot en fourrant son poing sous le nez d'un contradicteur.

Soudain, le logicien chancelle ; Malato, que le jeune Cuisse faisait galoper à quatre pattes, a butté contre le groupe des controversistes : dégringolade générale ; Mougin et Berthier viennent ramasser les discoureurs.

Le calme se rétablit et Franco en profite pour chercher une autre victime. C'est sur Brunet que son choix s'arrête, et les boucles blondes viennent s'amalgamer aux boucles châtaines éparses sur le carreau. Puis Cabot, puis Malato passent à leur tour sur la sellette.

— Messieurs ! clame le tortionnaire, l'occasion est unique : on tond et on rase gratis !

Mais un bourdonnement intense et rapide, symptôme d'un nouvel assaut, emplit le parloir; le gardien, assourdi, a pris le parti de — s'endormir sommeil de gendarme qui cesse au premier pas fait vers la porte. — Puis, l'action s'engage : les noms de Liebknecht, Bebel, Vollmar, Singer s'entrechoquent gutturalement.

La principale cause de ce tumulte est une petite barbe grise, d'environ soixante ans, qui a fait son entrée en tapinois et s'est arrêtée au cercle Fournière, Mougin, Cabot, Gegout. Cette barbe est le citoyen Lefrançais, ancien membre de la Commune.

La conversation ne pouvait manquer de se porter sur le socialisme. Les derniers échos des congrès de Halle et de Calais vibrent encore. Lefrançais, très indépendant, frisant parfois l'anarchisme, daube sur les sectaires de la bible marxiste; Liebknecht, surtout, a le don d'irriter ses nerfs, et, devant un auditoire qui grossit de plus en plus, notre doyen retrace la genèse du parti sozial-demokrat.

— Les disciples de Karl Marx ont mis bougrement d'eau dans leur vin depuis cette époque, remarque Brunet.

— Oui, poursuit Lefrançais, les deux têtes de colonne de son parti, Liebknecht et Bebel, dissimulèrent pendant longtemps leurs visées politiques, se bornant à entretenir dans la masse la conviction que nulle réforme économique ne pouvait être obtenue par les moyens légaux.

Leur agitation avait pour but le groupement

de la classe ouvrière. Le jour où il leur parut suffisant, ils s'assirent sans façon sur les déclarations de Marx et entrèrent au Parlement sous l'étiquette vague et peu compromettante de *démocrates-socialistes.*

Quand vint l'ère des persécutions contre les révolutionnaires, Liebknecht, converti à un socialisme plus relativiste au fur et à mesure que croissait le nombre des travailleurs englués à son programme ondoyant, déclara piteusement, le 17 mars 1879, en plein Parlement, que lui et ses amis observeraient la loi draconienne si elle était votée, son parti étant plus réformateur qu'ami de la violence.

« — Je nie de la façon la plus catégorique, s'écria-t-il, que nos tendances visent le renversement de l'État et de l'ordre social actuel ! »

— Oh ! la peur, murmura Goullé, quelle chose hideuse ! Après la Commune, n'a-t-on pas vu des radicaux qui n'attendaient que notre triomphe pour nous emboîter le pas et ramasser des places, faire chorus avec les massacreurs ? Les socialistes Louis Blanc et Tolain félicitaient l'armée versaillaise. En Espagne, lors des poursuites contre la *Mano-Negra*, les socialistes qui affichaient l'étiquette la plus révolutionnaire, protestèrent de leur respect de la légalité, de même qu'en Italie, après l'attentat de Passanante, les irréconciliables d'antan s'aplatirent devant la maison de Savoie.

— Oui, mais ce n'est pas seulement la peur, répondit Lefrançais, qui a déterminé une telle volte-face. Si le chef actuel du parti socialiste allemand a pu, il y a quelques mois, déclarer : « Nous ne sommes pas révolutionnaires » et célébrer l'initiative réformiste de son empereur, si cet ancien internationaliste a formulé des déclarations chauvines assez écœurantes pour lui valoir un blâme de ses électeurs, si, après avoir fait applaudir, en mars 1881, dans le *Sozial-Demokrat*, à l'exécution d'Alexandre II, il sourit aujourd'hui à une alliance de son pays avec l'autocrate russe, c'est non seulement appréhension et lassitude de la lutte, mais appétit du pouvoir, amour du commandement.

— Que voulez-vous! fit Cabot, qui guettait un silence pour placer son mot, l'homme, quelle que soit son étiquette politique, sa fonction sociale, subit l'influence du milieu dans lequel il se trouve. Qu'il s'appelle Emile Ollivier, Brousse, Crispi, Costa ou Liebknecht, c'est toujours le même automate agissant sous l'impulsion d'une même cause. Perdu dans la foule, il était révolutionnaire ; il devient meneur, se rapproche du pouvoir avec l'intention, sincère d'abord, de le combattre, puis en subit l'attirance magnétique, et le voilà réformiste ; quelques pas encore, et il sera conservateur.

Fournière allait répondre, lorsqu'un flot humain envahit la salle : les inséparables Violard et Paton ; Courtois, anarchiste du pinceau ; Ducros, courriériste parlementaire ; Rabuel, de la *Cocarde*, toujours serviable avec les camarades et toujours indigné contre le ministère ; Chincholle, plus olympien que jamais ; Paillette, discourant harmonie avec Viard qui lui répondait statistique.

Aussitôt, obéissant à la loi des affinités qui régit les êtres tout comme de simples molécules chimiques, visiteurs et prisonniers s'agrégèrent en groupes et les conversations, un moment interrompues, bruirent de plus belle.

— O accord des sympathies électives ! murmura Paillette à l'oreille de Malato. Vois comme la tendance est au communisme harmonique.

— Regardez, disait Cabot, comme chacun de ceux qui sont ici va où ses préférences l'entraînent. Au lieu d'une masse homogène, n'ayant en quelque sorte qu'un seul corps, voici toute une série de petits groupes. Excellent signe ! c'est l'image de l'humanité marchant à l'individualisme.

Le gardien, éperdu, levait les yeux au ciel.

Cependant l'ombre s'épandait autour de nous, — la nuit vient de bonne heure en décembre, — on ne voyait plus que des silhouettes confuses, s'agitant debout, car les sièges manquaient aussi bien que la lumière.

> L'obscurité, c'est la richesse
> Des bandits et des amoureux...

fredonnait gaillardement Brunet, fort à son affaire.

Mais l'autorité gardienne de la morale, veillait : à ce moment, un employé, que Gérault-Richard avait sympathiquement surnommé le *Serpent à lunettes*, entra, porteur d'une bougie qu'il déposa sur la cheminée. Sous cette clarté blafarde, les ombres devinrent des spectres.

Goullé et Lefrançais, vétérans de la Commune et de la proscription, s'étaient rapprochés et feuilletaient dans leurs vieux souvenirs. L'un d'eux ayant cité la date fatidique « 31 *octobre* 70 » :

— Ce jour-là, fit Goullé, la république sociale faillit bien l'emporter. Les traîtres du gouvernement provisoire étaient prisonniers à l'Hôtel de ville : un acte d'initiative eût changé la face des choses. Ces gens-là disparus, c'était la commune révolutionnaire proclamée, la France démocratique debout, la défaite de l'Attila germain, l'ébranlement du vieil ordre politique et économique dans le monde entier; les massacres de la semaine sanglante et vingt ans de réaction eussent été épargnés, mais on parlementa dans un brouhaha stérile, on laissa fuser la victoire et tout fut perdu.

— Te rappelles-tu notre 31 octobre d'il y a dix ans? demanda Violard à Paton.

— Si je me le rappelle! Le président Cartier, Larousse, le père Dulac... ah! les cochons!

Cette exclamation prosaïque excitant notre curiosité, nous priâmes nos amis de vouloir bien la satisfaire.

— Voici le fait, nous narra Violard :

Dans la soirée du 31 octobre 1880, deux joyeux étudiants, — est-il besoin de vous les nommer? — pleins de souvenirs historiques et aussi de verres d'alcool absorbés dans les brasseries du quartier Latin...

— Ainsi nommé parce qu'il abrite une foule de Grecs, interrompit Paton.

— Tais-toi donc, idiot! grommela l'irascible conteur, tes réflexions saugrenues embrouillent l'écheveau de mes réminiscences.

« Cet animal de Paton et moi, poursuivit Violard, nous étions ronds comme la bourrique à Robespierre, et, dans cet état d'esprit, nous éprouvâmes le besoin de manifester.

Rue Soufflot, nous achetons aux « Magasins du Panthéon, » une large bande d'étoffe sang-de-bœuf que nous fixons à une interminable canne à pêche, puis, bras dessus bras dessous, nous dévalons le boul'Mich' en proclamant la Commune.

Résultat inévitable : dix argousins nous tombent sur le poil, nous passent fortement à tabac et nous entraînent au bloc.

Le lendemain, nous montâmes dans le *panier-à-salade*, à destination du Dépôt.

— C'était au moment de l'application du fameux article 7; les cellules étaient encombrées de

jésuites, de moines, de capucins : notre vertu y courut les plus grands risques.

— Fichtre! dit Mougin; mais les révérends devaient s'entendre à merveille avec les habitués du Dépôt, la prison et le couvent engendrant les mêmes mœurs.

— Ici, fit tranquillement l'abbé Couret, la sodomie est fort en honneur... Oh! rassurez-vous, messieurs, ajouta-t-il en remarquant un mouvement dans l'auditoire, pas chez nous, de l'autre côté de la cour, chez les droits-communs.

— C'est la conséquence toute logique du système pénitentiaire, déduisit N'importequi. La prison est corruptrice quoi qu'on fasse pour la réformer : le régime cellulaire mène à l'onanisme, la promiscuité unisexuelle à la pédérastie. C'est ainsi que la société s'entend à la régénération des misérables.

Sur cette remarque, dont les moralistes ne tiendront certainement aucun compte, on laissa Violard poursuivre son récit :

— Depuis une semaine, nous gémissions au *commun*, lorsqu'un « cipal » nous en tira pour nous conduire, menottes aux mains, sur le banc des prévenus de la huitième chambre correctionnelle, alors présidée par le joyeux Cartier, ce magistrat rigolard qui, en réunion publique, traitait la famille, la religion et la propriété de « pures balançoires ».

Notre acte d'accusation était des mieux nourris ; il renfermait : appel aux armes, port d'emblèmes séditieux, rébellion et coups aux agents.

— De quoi tenter l'éloquence de votre défenseur ? fit Ducros.

— De notre défenseur ! Ah çà, croyez-vous, par hasard, que nous nous étions donné le luxe d'un avocat ? Non, non ! foin des hommes en jupon ! nous nous défendîmes nous-mêmes. Paton dénonça avec fougue les turpitudes de la république bourgeoise et rappella au président sa phrase « magistrale » quoique subversive sur la religion, la famille et le reste. Votre serviteur chargea à fond de train sur un commissaire de police idiot qui l'avait tout d'abord pris pour le fils d'un sénateur, et réclama des dommages-intérêts. Touché par notre plaidoirie, le tribunal nous condamna à deux mois de prison et deux cents francs d'amende.

Aussitôt cet équitable arrêt rendu, un garde voulut bien nous apprendre qu'on nous dirigerait le soir même sur la prison de la Santé.

Nous protestâmes, excipant de notre qualité de condamnés politiques, non point, je vous l'assure, que nous eussions plus que vous-mêmes le mépris du pauvre bougre que la mauvaise organisation sociale pousse aux peccadilles de droit commun, mais il nous était infiniment désagréable de renoncer à la prison relativement bénigne à laquelle nous avions droit. Le garde fit part de nos protestations en « haut lieu » et nous amena devant un sieur Larousse, — bien nommé, ma foi, car il était quelque chose comme chef du Petit Parquet.

Cet individu écouta l'exposé de nos griefs, puis, avec une majesté tout administrative :

— Je vais faire examiner votre réclamation ; vous aurez une réponse dans cinq ou six jours. En attendant, déclinez-moi vos noms, prénoms, etc.

Nous les déclinâmes, pour la vingtième fois au moins depuis notre arrestation.

— Votre religion ?

Paton exécuta un joli saut de carpe.

— Votre religion, vous dis-je !

— Mais... nous n'en avons pas.

— Pas de religion ! Vous êtes donc des chiens ? repartit le Larousse. Comment osez-vous convoiter Sainte-Pélagie où nous allons être forcés d'envoyer le père Dulac et les bénédictins arrêtés dernièrement? Pas de religion! Vous irez à la Santé!

Forcés d'y entendre, chaque dimanche, le service divin, nous ripostions aux oremus par des couplets anacréontiques où la majesté du Père Éternel recevait les plus rudes atouts. Le latin de cuisine étant seul toléré à la messe, la direction bien pensante nous supprima nos visites et nous fourra au cachot. Et, pendant ce temps-là, le père Dulac officiait à Sainte-Pélagie! »

— Ce qui prouve bien, une fois de plus, que le cléricalisme c'est l'ennemi, conclut en matière d'épilogue Fournière qui, dans ce milieu de révolutionnaires multicolores, représentait l'élément opportuniste.

Mais la sonnerie annonçait un visiteur pour Gegout. Un binocle juché sur le nez d'un jeune homme blond fit son apparition.

— O'Reilly! s'exclama l'exilé. Quel bon vent t'amène et quelles nouvelles m'apportes-tu du Chat-Noir? Montmartre est-il encore la capitale de Paris? ses poètes sont-ils toujours élégiaques et chevelus, ses rapins gais, ses femmes jolies? Salis persiste-t-il à ressembler au général Boulanger?

L'homme à binocle fit trois pas, une inclination de tête et tira de son pourpoint... pardon, de sa redingote, une missive à enveloppe verte, couleur d'espérance.

— Il doit encore y avoir du symbolisme là-dessous, grommela Malato à N'importequi.

Gegout rompit le cachet et trouva la lettre suivante :

Le Chat Noir
Journal hebdomadaire

Rédaction et Administration, 12, rue Victor-Massé

PARIS LE 189

Et vi-ve la liberté — Ch. de Sivry

Mon vieux Sigout,

Du haut de la butte sacrée, nous poussons un formidable rugissement en ton honneur car puis te songer mis en liberté. Quand donc reviendras-tu joyeux lion aux griffes sympathiques te rouler parmi les bons chats noirs tes copains ! Laisse-toi donc aller tu te vengeras plus tard en étant gai —

Nous profitons de ce 31 X[bre] pour te rappeler à nous !

Que St Sylvestre te protège !

Sois donc encore une fois anarchiste de l'anarchie et laisse-toi faire —

Personne ne t'en voudra
d'avoir eu la nostalgie du plein
air —
A toi tous nos plus sincères
soupirs de cœur aimant, et nos
meilleurs souhaits.
Reviens vite.

[signatures manuscrites]

— Eh bien? demanda le porteur.
Le sourcil froncé, se carrant dans une attitude à la Mirabeau, Gegout lui répondit :
— Va dire à ceux qui t'envoient que je suis ici par la volonté de M. Constans et que, si j'en sors avant l'expiration de ma peine, ce ne sera que par la force des événements.

O'Reilly essaya d'insister.

— Assez! répondit le captif; restons ce que nous sommes : de joyeux camarades; mais, de grâce, ne venez pas doucher la ferveur des amants de la Sociale. Je hais le sectarisme grotesque, qui croit être pur en ignorant les manifestations du beau, mais j'estime que les nymphes du quartier Pigalle et le choc des verres dans vos tavernes moyenâgeuses ne remplissent pas suffisamment une vie. Ah! vous autres, artistes et rien qu'artistes, insurgés par boutades, tout feu tout flammes, mais bien vite éteints, vous êtes, au fond, avec beaucoup d'esprit et de charme, de sacrés j'm'enfoutistes!

Sous cette avalanche de récriminations, le héraut ne broncha pas. Comme Napoléon à Waterloo, il fit donner la garde, c'est-à-dire qu'il tira des profondeurs de son pardessus une terrine de pâté, un sac de café, une bouteille de Bordeaux et une fiole de certaine eau-de-vie trouvée dans les caves de la chatellenie de Naintré.

— Malheureux! souffla Brunet en s'élançant et faisant disparaître les provisions sous sa vareuse; n'exposez donc pas ces trésors devant le gardien : nous serions obligés de nous fouiller.

Très heureusement, le cerbère n'avait rien vu.

— Allons, dit O'Reilly, dépose ton ire, ami Gégout, et puisque captivité t'est plus douce que forfaiture envers la Marianne de tes pensées, du moins, tâche de passer le temps le moins désagréablement possible. Ceci est axiome de haute sagesse.

Mange, bois et que les vapeurs vineuses te fassent entrevoir quelquefois ce bon paradis de la Butte, où t'attendent houris très ferventes au culte de Mme Vénus et où les moulins battront des ailes à ton retour.

Sur ce, et comme sonnait la fermeture du parloir, le gentilhomme salua moult gracieusement la société, accola le prisonnier et se retira.

— Ah! ces artistes! grommela Malato, quels girondins!

XXIV

Bataille et dénouement.

Depuis le jour néfaste où Gegout vit un archange flamboyant, habillé en gardien pour la circonstance, expulser son Ève bien-aimée de notre Éden pénitentiaire, les attrapages avec la Direction avaient été fréquents. A la fin, les bourrasques intermittentes devaient se transformer en cyclone : c'est ce qui arriva.

Déjà, nous avions pu constater de notables différences dans les procédés usités vis-à-vis des détenus. C'est ainsi que Morès, marquis, et Castelin, député, ne reçurent jamais leurs lettres préalablement décachetées au greffe; de même pour Maës lorsque, dans une détention précédente, il avait posé sa candidature au Conseil municipal. Pour nous, vulgaire troupeau, le cabinet noir fonctionnait sans scrupules.

La subsistance des prisonniers est à la charge d'un entrepreneur qui en a obtenu l'adjudication, l'État se réservant le rôle de chiourme, mais non de majordome. Ces industriels n'ont rien à envier aux riz-pain-sel de l'armée; certains négriers leur rendraient des points pour la moralité. Celui de Pélagie était à la hauteur de ses confrères : notre éternel bouilli, qui avait toujours été des moins appétissants, devint une chose innomable, faite de graisse et de peau; par compensation, les asticots pullulèrent plus que jamais dans le bouillon; la pâtée de pommes de terre gelées trôna tous les soirs, sauf le samedi où elle était remplacée par le riz, lequel, reconnaissons-le, n'empira pas : c'eût été impossible; il continua, comme par le passé, à être exécrable : de la vraie colle d'affichage.

— Ah! disait Maës, quelle différence avec l'ancien régime! Au bon vieux temps, que j'ai eu l'agrément de connaître, la nourriture était plus variée : on avait même du ragoût, et du ragoût autrement ragoûtant que notre bouilli quotidien. L'opportunisme pourra se vanter de nous avoir fait manger de la vache enragée.

Le gardien qui surveille le parloir est tenu de fournir chaque soir un rapport à l'issue de son service. Grâce à cet espionnage, Patin apprit que ses détenus, transformés en historiographes, se préparaient à vouer son nom et sa maison à l'immortalité. Sa modestie s'alarma.

— Messieurs, vint-il nous dire un jour, du ton sucré qu'il savait prendre à l'occasion, ne trouvez-vous pas qu'il serait bon de résoudre une fois pour toutes cette question importante : est-il loisible au prisonnier de se livrer à des travaux de plume ?

— Cela ne peut faire le moindre doute, répondit vivement Couret, la plume est le gagne-pain de l'écrivain captif; la lui arracher équivaut à l'affamer.

— C'est aussi mon avis, repartit le directeur, et, comme je ne doute pas qu'au ministère de l'intérieur, on ne partage cette manière de voir, je vous engage, dans l'intérêt de tous, à poser la question en haut lieu.

Peut-être eût-il été plus prudent de n'en poser aucune et, se basant sur de nombreux précédents, de continuer à écrire comme par le passé. Mais pénétré de son droit, Couret, ainsi que ses camarades, donna tête baissée dans le traquenard.

« Oui ou non, les détenus politiques sont-ils laissés libres de se livrer à des travaux littéraires? Telle était le sens et à peu près la forme d'une note que nous remîmes entre les mains de notre Hudson-Lowe.

Deux jours après, celui-ci faisait appeler l'un de nous et lui signifiait péremptoirement que toute collaboration, ne fût-elle que littéraire ou scientifique, à un journal quotidien, était prohibée par M. Herbette (1). Les articles, même destinés à des revues mensuelles, devaient subir le visa du ministère de l'intérieur. A plus forte raison, toute publication de volume était-elle proscrite.

Nous accueillîmes cette communication par un silence glacé, qui était on ne peut plus de saison, bien décidés, dans notre for intérieur, à ne pas nous incliner devant les fantaisies de gens dont nous subissions le despotisme sans l'accepter.

Il s'agissait de sauvegarder non seulement les bribes de liberté dont nous jouissions, mais celles de nos successeurs. Adviendrait que pourrait!

Couret, terminait une étude détaillée sur le régime pénitentiaire; il pressa son éditeur. Et, de

---

(1) En 1883, Herbette, déjà directeur général du service pénitentiaire, répondait *textuellement* à Maës, qui lui demandait le transfert d'Émile Gautier, de Clairvaux à Sainte-Pélagie, afin que notre confrère pût travailler plus facilement :

« — Ne vous servez donc pas d'un pareil argument. Travailler! Est-ce que l'on a jamais pu travailler à Sainte-Pélagie? J'y suis allé en 69 pour délit de presse, avec un mois, une malle pleine de livres et l'intention d'y faire quelque chose et... je n'y ai fait que la noce! » (Quand le diable devient vieux...).

notre côté, nous nous mîmes à travailler d'arrache-pied.

— Comme ça, vous êtes donc en guerre ouverte avec le patron? nous dit, un matin, le surveillant chargé de nous déverrouiller. Vous n'êtes pas au bout du rouleau : attendez!... vous verrez, sous peu.

Diable! quelle nouvelle calamité allait fondre sur nos têtes? Masquerait-on nos fenêtres? Nous jetterait-on dans quelque cul de basse-fosse? Supprimerait-on nos visites ou réduirait-on nos vivres, déjà si insuffisants?

Un matin le même gardien arriva escorté de deux auxiliaires.

— Messieurs, fit cet employé, bon garçon sous une allure bourrue, j'ai une fichue corvée à exécuter et qui va m'être aussi désagréable qu'à vous.

— Nous sommes prêts à affronter tous les supplices, répondîmes-nous, et nous vous savons gré de chercher à en atténuer l'horreur par votre éloquence. Mais, pas de fleurs de rhétorique : au fait! qu'y a-t-il?

Le délégué du pouvoir tira de sa poche une lettre de format inquiétant et commença une lecture à laquelle nous ne comprîmes qu'une chose : l'administration, dans sa sage prévoyance, trouvant que nous étions entretenus d'une façon trop luxueuse, retirait à chacun de nous un matelas, une couverture, la cuvette et le pot à eau. Nous étions, en outre, informés que nos draps ne seraient plus changés qu'une fois par mois, le linge blanc étant une superfluité pour des prisonniers.

Dès la mise à exécution de cet ukase, Maës bondissait dans notre chambre à la tête des autres détenus :

— Vous voyez comment ils y vont ! clama-t-il : c'est le moment de nous sentir les coudes et de nous rebiffer comme un seul homme.

— Parfaitement.

Nous insistâmes seulement sur ce double point, qu'à aucun prix il ne pouvait y avoir quoi que ce fût ressemblant à une sollicitation, ni le moindre parallèle injurieux pour les détenus de droit commun, les pauvres diables que la nécessité contraint à refiler la comète ou incite à soulager les portemonnaie bien remplis, nous paraissant infiniment beaucoup plus estimables que des législateurs potsde-viniers ou des exploiteurs de chair humaine. Cette condition n'ayant soulevé aucune difficulté, nous signâmes tous une une lettre fulminante qui fut envoyée à la presse.

Patin en reçut la copie et tressauta :

— Ah çà ! les politiques ne vont-ils pas se tenir tranquilles ! Quel cauchemar !... Chef ! vous allez faire rapporter chez ces messieurs matelas et couvertures, en prévenant que cuvettes et pots-à-eau seront prochainement rendus.

Ce qui prouve qu'en prison comme dans la vie ordinaire et dans les petites choses comme dans les grandes, pour obtenir des droits, il faut les prendre.

Le directeur et l'entrepreneur de la prison étaient comme chien et chat. Jusqu'alors, nous nous étions bornés à marquer les coups d'épingle, ripostant quand ils ricochaient sur notre peau. Désormais, les hostilités se précipitèrent de ce côté aussi : il n'y eut plus de coups d'épingle, mais de vrais coups de massue, car Patin, exaspéré de la situation, s'attaquait rageusement à notre riz-pain-sel. Celui-ci, le cahier des charges à la main, fonçait sur la direction. Cuisiniers et gardiens prenaient fait et cause pour leurs maîtres respectifs et se lançaient des regards menaçants.

La maison de la rue de la Clef ressemblait à cette hôtellerie de Cervantès où le patron, don Quichotte, Sancho, Maritorne et le muletier s'étrillaient mutuellement. La presse qui, par instinct de conservation, — on ne sait pas ce qui peut arriver, déclarait le *Rappel*, — avait inséré et appuyé notre protestation, fulminait. Et, au milieu de cette belle tempête, nous nous frottions les mains, enchantés de voir nos ennemis s'arracher les cheveux.

A la veille du 1er mai, alors que les naïfs affolés s'imaginaient voir surgir à chaque coin de rue la tête médusante d'un anarchiste, il n'y avait pas eu assez d'injures, de calomnies ou d'idioties pour en couvrir les révolutionnaires. Un directeur de journal, qui s'est fait un principe de ne jamais solder ses collaborateurs et qu'un flot de fournisseurs impayés assiège chaque jour dans son hôtel avait, à ce moment, tenté d'assimiler aux feuilles de chantage notre pauvre *Attaque*, qui rapportait à ses rédacteurs tout autre chose que de l'argent. Le même individu, quelques mois après, faisait réclamer notre mise en liberté — ce dont nous ne lui sûmes le moindre gré. Des journaux ultra-conservateurs, tels que le *Soleil*, élevaient la voix en notre faveur.

C'est que, depuis notre condamnation, les incidents politiques, petits ou grands, qui s'étaient déroulés, n'avaient fait qu'aviver le vieil antagonisme de la presse et de la magistrature. Mois de prison ou amendes, le plus souvent les deux à la fois, pleuvaient dru sur les imprudents folliculaires que réconfortait peu l'honneur du martyre. Aussi toute opposition sérieuse semblait-elle tuée : les socialistes parlementaires, fourvoyés par leurs chefs, étaient à vau-l'eau ; la presse boulangiste rendait l'âme faute d'argent, seul, l'*Intransigeant* continuait à tempêter. Rageant au fond, les journalistes indépendants n'en menaient pas large.

Déjà, on avait tenté d'interner à la Santé plusieurs rédacteurs ou gérants comme Hervagaux, Delpierre, Gérault-Richard, Couret. Le directeur du service des prisons, imbu des vieilles idées jacobines, poursuivait l'unification du régime pénitentiaire et cherchait à créer des précédents qui, peu à peu, eussent permis au gouvernement de mater les pamphlétaires par la perspective de partager le sort des pauvres et tant méprisés droits-communs. La mèche avait été éventée et la presse se tenait sur ses gardes, bien décidée à profiter de toute occasion pour affirmer ses droits ou, si l'on aime mieux, ses prérogatives. D'où, l'appui efficace qu'elle nous prêta.

Les socialistes parlementaires, ravis intérieurement des poursuites qui, depuis neuf mois, sévissaient sur les anarchistes, s'étaient bien gardés d'élever la voix en faveur de ceux-ci. Au plaisir de voir les gêneurs sous clef ou en exil, se joignait la crainte de combattre trop ouvertement un cabinet à poigne. Malgré leur capitulation devant le pouvoir, ils n'étaient pas sans inquiétude, car la réaction, une fois lancée, ne s'arrête plus : après les violents, elle frappe les modérés.

Le conseil municipal, jadis considéré comme la citadelle démocratique, puis embourgeoisé avec l'âge, avait, à la veille du 14 juillet, adopté un vœu d'amnistie, peut-être avec l'espoir secret que, vu les sentiments notoires de la Chambre, il demeurerait parfaitement stérile. Et, en effet, cette proposition, timidement portée au Palais-Bourbon par le député le plus résolu du groupe ouvrier, fut rejetée avec une superbe maëstria.

Notre conflit avec la direction, si vivement commenté par la plupart des journaux, eut sa répercussion à l'Hôtel de Ville. Secoués dans leur torpeur radicale, nos édiles votèrent-ils à l'unanimité et pour la seconde fois, en dépit de l'axiome *non bis in idem*, une proposition d'amnistie, que le conseil général adopta dans sa séance du 7 décembre sur la proposition de Caumeau, Chauvière et Vaillant.

Un autre conseiller municipal, droitier celui-là, Georges Berry, prit l'initiative d'une enquête sur place. Hardi, remuant, imbu de cette philanthropie facile au riche, que d'aucuns qualifient socialisme, le ventripotent élu du quartier Saint-Georges constitue une personnalité curieuse. Pour s'introduire dans la citadelle, il eut recours à un stratagème. Après la publication de notre fameuse lettre, nous lûmes, en effet, avec stupeur dans le *Figaro* que M. Georges Berry s'était rendu à Pélagie sur la prière de deux d'entre nous : personne n'avait songé à s'adresser à lui ; seul, le fait de sa venue était exact ; mais Patin, alarmé, ne voulant pas lui permettre de visiter locaux et locataires, l'avait poliment congédié.

Le surlendemain se présenta devant nous un haut fonctionnaire de l'Intérieur, l'inspecteur général Puibaraud. L'air tout à fait bon enfant, il s'enquit du sujet de nos plaintes.

— Remarquez bien que nous ne sollicitons aucune faveur, commençâmes-nous par lui dire, nous réclamons l'exécution des règlements applicables aux condamnés de notre catégorie.

— Bah ! nous répliqua-t-il toujours souriant, à quoi bon ces distinctions acrimonieuses ? Grâce au gouvernement, qui vous entretient avec plus ou moins de luxe, je le reconnais, l'auréole du martyre brille sur vos fronts et vous signale pour un avenir prochain à l'attention des électeurs.

— J'aimerais mieux du bouillon sans asticots, répondit Malato qui nourrit pour ces peu nourrissants annelés une aversion des plus marquées.

— Et quant aux électeurs, ajouta carrément le compagnon Brunet, faudrait qu'ils restent des gourdiflots à perpète pour songer à nous envoyer à la Chambre.

— Ça, c'est un fait, appuya le père l'Argument.

— Eh! eh! riposta Puibaraud, c'est toujours par la prison que l'on commence et par les grandeurs que l'on finit.

Propos de sceptique bien habitué à spéculer sur l'inconscience des masses! Les épaules des abstentionnistes se soulevèrent du même mouvement de dédain.

L'envoyé du ministère n'était pas au bout de ses peines.

— Oui ou non, interpella Couret, le sourcil froncé, la voix sèche, le gouvernement qui nous a privés de notre liberté pour crime de socialisme prétend-il nous empêcher d'écrire des livres ou des articles de journaux même en dehors de la politique?

— Mais je ne crois pas que telle soit son intention.

— Pourtant, le directeur de la prison s'y oppose absolument... par ordre supérieur, affirme-t-il.

— C'est étrange... il y a sans doute malentendu;

en tous cas votre réclamation me semble de tous points fondée : il est impossible qu'on n'y fasse pas droit.

Cependant Gegout se tortillait nerveusement, rongeait sa moustache, crispait les poings, frappait du pied le carreau.

— Gare l'ouragan ! jubila l'ex-secrétaire de la *Cocarde*.

Il n'y eut même pas une bourrasque.

— Outre les réclamations collectives qui viennent de vous être exposées, monsieur, il en est une que j'adresse pour mon compte personnel et qui est à la fois du domaine de la psychologie passionnelle et de l'hygiène.

Ainsi débuta le plaignant. Puibaraud le regardait avec appréhension.

— J'ai une compagne fraîche, tendre et jolie comme une coulée de printemps — rayon de soleil fondu dans une gerbe de roses — en un mot pourvue de mille qualités tant morales que plastiques sur lesquelles je ne puis m'étendre. Elle rassérénait autrefois mon esprit, apaisait ma soif d'amour. Un jour, il a plu au directeur, vieillard desséché, d'interdire à mon amie l'accès de ma chambre et, depuis, mon moral se perturbe, et ma santé s'ébranle.

L'inspecteur allait protester de son incompétence. Gegout le prévint :

— Je revendique un droit qui n'a jamais été retiré aux autres prisonniers ; toute circonlocution est inutile : je veux en jouir.

— Cela n'est pas de mon ressort, mais écrivez-moi, je m'efforcerai de vous faire rendre justice, brimbota Puibaraud qui brusqua son inspection et partit, poursuivi par l'acharné requérant qui lui criait dans l'escalier :

— Il me faut absolument mon soleil et mes roses : c'est mon droit, je veux en jouir... N'oubliez pas qu'il y a sept mois que j'attends !...

Il attend encore.

Nos sorties réitérées ne demeurèrent cependant pas inutiles ; nous pûmes désormais écouler sans encombre un certain stock de papier noirci ; le menu quotidien devint sinon plus varié, du moins plus propre. Puis, la rupture ayant été définitive entre Patin et l'entrepreneur, ce dernier fut remplacé par Goujon, le bedonnant restaurateur d'en face. Dès lors, un paradis gastronomique s'entr'ouvrit devant nous : du bouillon et un plat de viande garnie le matin, des légumes et un dessert le soir, cinq cents grammes de pain blanc : quelle ripaille ! Dans le premier feu de l'enthousiasme, Brunet se déclara prêt à rengager. N'empêche

qu'il dégringola les escaliers quatre à quatre lorsque Barthélemy vint lui rendre la clef des champs.

Cabot n'est plus ici que pour quelques jours dévorant Spencer, Darwin, Büchner, Proudhon, Leroy-Beaulieu, Lanessan. A l'heure où paraîtra ce livre, il sera libre et exposera victorieusement à nos amis les irrésistibles arguments recueillis au cours de sa détention.

Maës et Couret vont rester nos seuls voisins. Le premier ne croit plus beaucoup au retour du général Boulanger ; mais, plus intelligent que Calypso dans son île mythologique, il essaie de se consoler. Le second écrit, écrit et rêve des supplices pour les éditeurs qui profitent de l'incarcération des littérateurs pour leur poser des lapins.

Nous attendons le moins morosement possible l'heure de rentrer dans nos lares. Encore six mois !... peut-être avant ; il faut toujours compter un peu sur l'imprévu : qui sait ?...

Pélagie, janvier 1891.

FIN

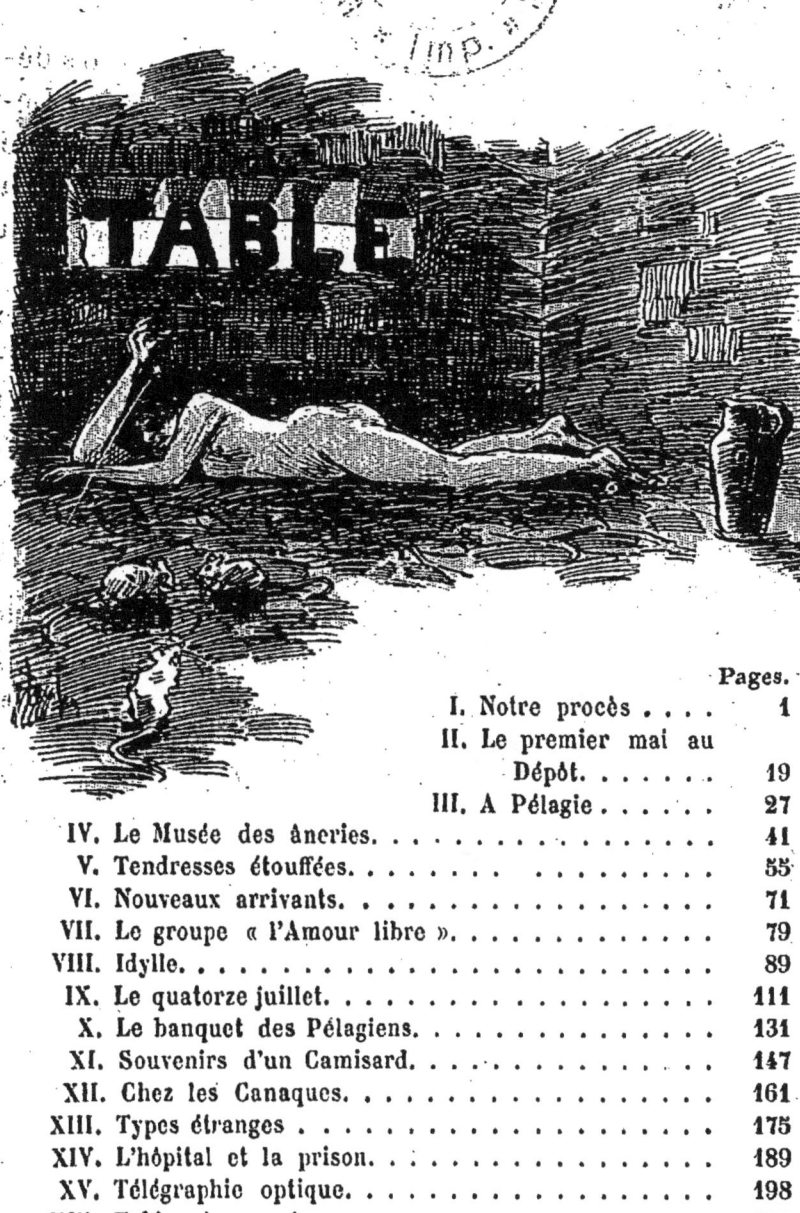

		Pages.
I.	Notre procès	1
II.	Le premier mai au Dépôt	19
III.	A Pélagie	27
IV.	Le Musée des âneries	41
V.	Tendresses étouffées	55
VI.	Nouveaux arrivants	71
VII.	Le groupe « l'Amour libre »	79
VIII.	Idylle	89
IX.	Le quatorze juillet	111
X.	Le banquet des Pélagiens	131
XI.	Souvenirs d'un Camisard	147
XII.	Chez les Canaques	161
XIII.	Types étranges	175
XIV.	L'hôpital et la prison	189
XV.	Télégraphie optique	198
XVI.	Tables tournantes	209

TABLE

XVII. Une souscription. 219
XVIII. Scènes d'intérieur. 227
XIX. Une fournée de boulangistes. 241
XX. Le sous-préfet de Falaise. 251
XXI. Martyrs d'amour. 267
XXII. L'Argument, La Violette et Lafrayse. 295
XXIII. Parloir-club et « Chat Noir ». 315
XXIV. Bataille et dénouement. 337

www.ingramcontent.com/pod-product-compliance
Lightning Source LLC
Chambersburg PA
CBHW050312170426
43202CB00011B/1865